외교관 알렉산드라 콜론타이

최초의 여성 외교관이 된 여성 해방 운동가

외교관 알렉산드라 콜론타이

최초의 여성 외교관이 된 여성 해방 운동가

2014년 9월 17일 초판 1쇄 인쇄
2014년 9월 22일 초판 1쇄 발행

글 강영철 / 그림 투리아트
펴낸이 이철규 / 펴낸곳 북스
편집 이은주 / 편집디자인 이지훈

편집부 02-336-7634 / 영업부 02-336-7613 / FAX 02-336-7614
전자우편 vooxs2004@naver.com / 등록번호 제 313-2004-00245호 / 등록일자 2004년 10월 18일

주소 서울특별시 광진구 동일로 4길 32 2층
값 9,800원
ISBN 978-89-6519-070-7 74800
　　　978-89-6519-007-3 (세트)

잘못된 서적은 구입하신 서점에서 교환하여 드립니다.
이 책은 저작권법에 의해 보호를 받는 저작물이므로 불법 복제와
스캔 등 무단 전재 및 유포·공유를 금합니다.

이 도서의 국립중앙도서관 출판시도서목록(CIP)은 서지정보유통지원시스템 홈페이지(http://seoji.nl.go.kr)와
국가자료공동목록시스템(http://www.nl.go.kr/kolisnet)에서 이용하실 수 있습니다.
(CIP제어번호 : CIP2014026755)

외교관 알렉산드라 콜론타이

최초의 여성 외교관이 된 여성 해방 운동가

글 강영철 그림 투리아트

vooxs북스
BOOK IN YOUR LIFE

머리말_
여성 인권 혁명가, 알렉산드라 콜론타이

　알렉산드라 콜론타이는 우리에게 많이 알려져 있지 않은 인물입니다. 하지만 러시아에서는 혁명의 영웅이자 정치가, 외교관으로 유명합니다.

　어린 시절 콜론타이는 책읽기를 좋아하고, 어려운 이들을 보면 눈물을 흘릴 줄 아는 소녀였습니다. 소녀의 어릴 적 꿈은 커서 외교관이 되는 것이었습니다. 하지만 귀족 가문 출신의 이 가녀린 소녀가 훗날 러시아 혁명에 앞장서게 될 줄은 아무도 몰랐습니다.

　러시아 혁명 이후, 콜론타이는 최초의 여성부 장관이 되었습니다. 이때 콜론타이는 가족법을 개정하고 탁아소를 설치하는 등 여성을 위한 많은 정책을 남겼습니다. 당시 러시아는 소련이라고 불리는 소비에트 공산체제 국가였고, 스탈린 정권이 들어와서는 공산당 독재가 더욱 심해졌습니다. 하지만 콜론타이는 스탈린에 맞서서 자신의 뜻을 굽히지 않았고, 공산당 일당독재에 반대하며 자유로운 토론과 노동자들의 권리를 요구했습니다.

스탈린은 결국 쓴소리를 잘하는 콜론타이를 외국으로 내쫓았습니다. 하지만 이로 인해 콜론타이는 자신의 어린 시절 꿈을 이루게 되었습니다. 콜론타이는 세계 최초의 여성 외교관이 되어 노르웨이 공사, 스웨덴 대사 등으로 활동했습니다.

　콜론타이는 여성이 차별 받던 시절에 태어났지만 어려움 속에서도 굴하지 않는 정신력을 갖고 있었습니다. 러시아 혁명 때에는 총알이 날아오는 거리를 앞장서서 행진했고, 스탈린 독재 치하에서도 눈치 보지 않고 하고 싶은 말을 모두 했습니다. 이는 어떤 남성도 하지 못했던 일들이었습니다.

　콜론타이는 강철 같은 성격을 갖고 있었지만 또한 감성 어린 여성이었습니다. 첫사랑과 결혼했지만 다시 헤어져야 했을 때는 눈물을 참지 못했습고, 노르웨이 공사로 일하던 시절에는 자유로운 연애와 무조건적인 사랑을 주장했습니다.

　한없이 강하면서도 한없이 부드러웠던 콜론타이의 일생은 열정적인 삶이 어떤 것인가 보여줍니다. 최초의 여성 외교관 콜론타이의 지난 삶과 사랑을 통해 여러분 각자의 꿈을 새롭게 꾸시길 바랍니다.

지은이 강영철

차례

머리말_ 외교관 알렉산드라 콜론타이   6

1 슈라의 세 가지 꿈   10

2 창문 밖, 얼음 궁전   31

3 연인을 선택하고 결혼에 성공하다   57

4 나르바에서의 충격   80

5 혁명의 열기 속으로   94

6 피할 수 없었던 두 번째 결혼식   121

7 날개 없는 에로스   145

8 청어를 사는 최초의 여성 외교관   165

인물 **마주보기**   191

알렉산드라 콜론타이의 **생애**   195

외교와 관련된 **직업들**에 대하여   197

우리나라를 빛낸 **외교관들**   202

1장
슈라의 세 가지 꿈

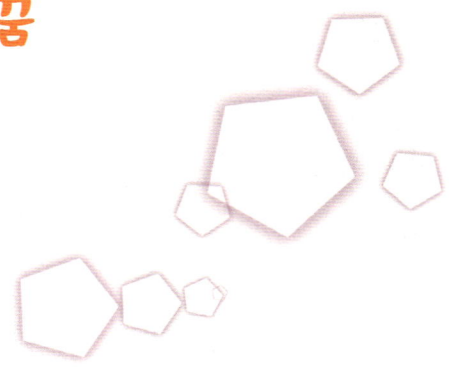

복도를 걷던 가정교사 마리아 스트라호바는 발걸음을 멈추었다. 방문 틈 아래로 불빛이 새어나오는 것이 보였다. 스트라호바는 손등으로 방문을 두들겼다.

"슈라 아가씨, 주무셔야죠. 밤이 너무 늦었습니다."

"선생님, 전 잠을 잘 수가 없어요."

스트라호바가 문을 열었다. 방 안에는 잠옷 차림의 슈라가 레이스가 드리워진 침대 위에 책을 펼쳐 놓고 앉아 있었다.

"언니들은 다 잠들었는데 뭐하세요?"

방으로 들어온 스트라호바는 걱정스런 얼굴로 물었다.

"무슨 걱정이라도 있으세요?"

어린 슈라의 쌍꺼풀 진 눈에서 파란색 눈동자가 빛났다.

"아니요. 전 원래 잠을 많이 자지 않아요."

스트라호바는 탁자 위에 램프를 올려놓고는 침대 곁으로 다가갔다. 슈라는 양 갈래로 땋아 내린 머리 한쪽을 손가락으로 빙빙 돌렸다.

"하고 싶은 것도 많고 읽을 책들도 이렇게 많잖아요."

스트라호바는 미소를 지었다.

"그래도 취침 시간은 지키셔야 합니다. 잠을 충분히 자야 키도 잘 크고 피부도 좋아져요."

"그래도 잠자는 시간이 아까워요."

"그럼, 제가 잠들 때까지 말벗이 되어 줄까요?"

"설마 이 시간에 수업을 하시는 건 아니겠죠?"

마리아 스트라호바는 한 달 전부터 아홉 살 난 슈라의 가정교사가 되었다. 대저택에 들어와 함께 먹고 자면서 슈라에게 프랑스어와 독일어를 비롯해 자신이 아는 모든 것을 가르치고 있었다.

스트라호바는 잠시 미소를 지었다가 진지한 얼굴로 물었다.

"슈라의 꿈은 뭐예요?"

"전 소설가가 될 거예요. 소설책 읽는 게 너무너무 좋아요."

"그리고 또?"

"마음껏 밖을 구경하면서 자유롭게 살고 싶어요."

스트라호바는 고개를 갸웃거렸다. 이해가 가지 않는다는 얼굴이었다.

"이렇게 큰 집에서 행복하게 사는데 무슨 자유가 필요하다는 거지요?"

슈라는 어두운 창가를 바라보았다. 허옇게 서리가 서린 창문 밖으로는 눈이 내리고 있었다.

1 슈라의 세 가지 꿈

"엄마, 아빠가 집 밖에 못 나가게 하잖아요. 전 페테르부르크에 사는데 겨울궁전도 아직 못 가봤어요."

슈라가 살고 있는 도시는 러시아의 수도인 페테르부르크다. 상트페테르부르크라고도 불렸던 이 도시에는 황제가 사는 겨울궁전이라는 아름다운 궁전이 있었다.

슈라의 꿈은 빨리 어른이 돼서 자유롭게 사는 것이었다. 집 안에 갇혀 사는 게 따분하기만 했다.

"밖이라고 별다를 건 없어요."

"그래도 전 자유롭게 멀리 나가보고 싶어요."

"외국에 가고 싶다는 건가요?"

"네. 프랑스, 독일도 가보고 싶고 미국 같은 신대륙도 가보고 싶어요."

슈라는 꿈꾸는 듯한 눈동자로 창밖 먼 곳을 응시했다.

"스위스의 알프스도 보고 싶고 그렇게 세상을 자유롭게 돌아다니면서 살고 싶어요."

"그럼 외교관이 되면 되겠네요."

"외교관이요?"

"네. 외국에 머무르면서 나라끼리 관련된 일을 처리하는 관리를 말하지요."

"외교관이 되면 세계를 돌아다니면서 자유롭게 살 수 있겠네요."

슈라의 얼굴이 환해졌다. 하지만 그것도 잠시였다. 슈라는 금세 걱정스런 얼굴이 되었다.

"근데 여자도 외교관이 될 수 있을까요? 저는 여자 외교관이 있다는 말은 들어본 적이 없어요."

슈라의 말에 스트라호바는 웃으면서 설명했다.

"아직까지 여자 외교관은 없어요. 하지만 아가씨가 어른이 됐을 때는 분명 여자도 외교관이 되는 세상이 올 거예요."

다시 슈라의 얼굴이 밝아졌다.

"맞아요. 여왕도 있는데 여자라고 외교관이 못 되란 법은 없잖아요."

슈라는 신이 나서 자신이 읽은 여성 위인책을 떠올리며 수다를 떨었다.

"영국의 엘리자베스 여왕이나 우리나라 예카테리나 여왕처럼, 시시한 왕들보다 몇 배나 훌륭한 여왕들이 있었잖아요."

웃는 얼굴로 고개를 끄덕이는 스트라호바에게 슈라는 계속 말했다.

"그럼, 이제부터 제 꿈은 소설을 쓰는 외교관이 되는 거예요."

어린 슈라는 원하는 건 반드시 얻어내는 아이였다. 슈라가 얼마나 총명하고 고집이 센지는 스트라호바도 이미 알고 있었다.

눈이 내리는 창밖을 바라보다가 슈라는 잠시 생각났다는 듯 웃음 지으며 입을 열었다.

"참, 요새 새로운 꿈이 하나 더 생겼는데요. 남자 친구도 만들 거예요."

"남자 친구라니요?"

슈라는 아무런 대답도 없이 웃기만 했다. 스트라호바의 궁금증을 슈라는 끝내 풀어주지 않았다. 결국 스트라호바는 방 안의 램프를 끄고 밖으로 나왔다. 슈라가 잠든 것은 그로부터도 한참 후였다.

페테르부르크의 포쟈체스카 거리 5번지에 위치한 대저택.

날이 밝자 쏟아지는 눈을 맞으며 한 무리의 아이들이 대저택을 향해 걸어갔다. 정문에서 본관까지 너무나 멀어서 건물이 잘 보이지도 않을 정도였다. 힘들게 걸어온 아이들 앞으로 커다란 문이 열리고 하인 한 명이 나왔다.

차가운 눈보라와 함께 아이들이 저택 안으로 들어갔다. 아이들은 벙거지 모자와 외투 위에 쌓인 눈을 털어냈다. 모두 다섯 명이었다. 그중 다른 아이들보다 머리 하나가 더 큰 소년, 파벨이 눈짓을 하자 옷을 털던 아이들은 조심스럽게 현관 안쪽으로 향했다.

현관 통로를 지나자 대리석 바닥에 십여 개의 돌기둥이 줄지어 서 있는 커다란 로비가 나왔다. 벽면에는 유명한 그림들과 화려한 조각상들이 전시되어 있었다. 맨 앞에 선 파벨을 따라 들어오는 아이들의 손에는 어느새 대걸레와 빗자루 같은 청소 도구가 들려 있었다.

"청소하는 아이들이 도착했다!"

아홉 살 난 슈라는 계단 난간에 엉덩이를 걸치고 미끄러지듯이 내려왔다. 앞치마를 두른 나이 든 하인이 걱정스런 얼굴로 슈라에게 소리쳤다.

"아가씨, 위험해요! 주인님이 아시면 혼나세요."

"걱정 마세요. 엄마 아빠는 외출 중이에요."

1 슈라의 세 가지 꿈

슈라는 맨 앞에 서 있는 파벨 앞으로 다가갔다.

"파벨, 어서 와."

슈라는 파벨에게 손수건을 내밀었다. 파벨의 머리카락은 아직 젖어 있었다. 하지만 파벨은 차가운 눈으로 고개를 저었다. 그리고 슬쩍 손으로 머리카락의 물기를 털어냈다.

"자, 얘들아, 일하자."

파벨은 앞에 선 슈라는 눈에 보이지도 않는다는 듯 관심을 보이지 않았다. 위층 계단 난간 위에서는 이런 파벨과 슈라를 호기심 어린 눈으로 내려다보는 두 아가씨가 있었다. 바로 슈라의 언니인 에브게니아와 제니아였다. 제니아는 열 한 살이고, 에브게니아는 열 세 살

이다. 둘째 제니아가 첫째 에브게니아에게 말했다.

"슈라는 자기가 원하는 건 다 손에 넣으니깐 이번에도 해낼 거야."

"하지만 이건 공부하는 게 아니잖아. 이번엔 쉽지 않을 거야."

"맞아, 그러고 보니 나도 아직 남자 친구가 없네."

에브게니아와 제니아가 속삭이는 사이에 슈라는 청소하는 아이들을 쫓아갔다.

"내가 도와줄게, 파벨."

슈라는 손걸레를 들고 파벨의 뒤를 따랐다. 하지만 파벨은 계속해서 슈라를 쳐다보지도 않았다. 마치 투명인간을 대하듯이 고개를 돌리며 다른 아이들에게 지시를 내렸다.

"너희 둘은 계단을 닦아. 나머지는 나랑 대리석 바닥을 닦자."

슈라가 다가오자 대걸레를 밀던 파벨은 오던 방향을 바꿔 반대 방향으로 발길을 옮겼다. 슈라는 꽁한 표정을 지었다. 그리곤 대걸레를 들고 사라지는 파벨의 뒤를 쫓아갔다.

"파벨, 여기서 나랑 같이 청소하자."

이번에도 파벨은 대답 대신 도망치듯 로비의 다른 쪽으로 대걸레를 밀며 달려갔다. 슈라도 지지 않겠다는 듯 전속력으로 파벨의 뒤를 쫓았다. 파벨은 막다른 곳에 이르고 말았다. 들릴 듯 말 듯 파벨은 혼잣말을 했다.

"제길!"

파벨 앞으로 다가간 슈라는 숨을 고르며 진지하게 물었다.

1 슈라의 세 가지 꿈

"내가 도와주겠다는데 왜 피하는 거야?"

슈라가 물었지만 파벨은 손에 쥔 대걸레 자루만 바라봤다. 슈라는 답답해 하면서도 조심스럽게 다시 물었다.

"사람이 묻는데 왜 대답하지 않아?"

파벨은 슬쩍 눈을 치켜뜨면서 슈라를 똑바로 바라보았다.

"청소하는 데 방해되니까 비켜주세요. 아가씨는 아가씨 일을 하세요."

"내가 지금 하고 싶은 일이 바닥 닦는 일이야."

"그럼 혼자서 하세요."

파벨은 입가를 씰룩이고는 슈라의 옆을 스치듯 지나쳤다. 슈라는 입술을 삐쭉 내밀며 뾰로통한 표정을 지었다.

슈라는 파벨을 쫓아가서 그의 대걸레 자루를 손으로 꽉 잡았다. 파벨은 자기 가슴 아래 서 있는 슈라를 내려다보았다.

"도대체 왜 이러시는 거예요?"

슈라가 파란 두 눈을 초롱이며 수줍은 얼굴을 했다.

"저기, 파벨. 사실 나 너랑 친구가 되고 싶어."

파벨은 자기 가슴을 한 손가락으로 가리키면서 황당한 얼굴로 물었다.

"나랑요?"

"난 집안에만 갇혀 살아서 아직 친구가 없어. 파벨이 내 친구가 돼 줘."

파벨은 말도 안 된다는 듯 고개를 가로저었다.

"저는 바닥 닦는 아이고 아가씨는 주인집 따님이에요. 우린 친구가 될 수 없어요."

"파벨 넌 다를 줄 알았는데 우리 큰언니랑 똑같이 말하네."

"누가 뭐라든 저는 아가씨랑 친구가 될 생각이 없어요."

파벨은 슈라를 남겨놓고 찬바람을 일으키며 달려갔다. 대걸레를 밀며 사라지는 파벨을 바라보면서 슈라는 입술을 꽉 깨물었다.

로비로 나온 슈라는 이층에서 내려다보는 언니들과 눈이 마주쳤다. 에브게니아와 제니아는 슈라의 굳은 얼굴을 보고는 이내 키득거리며 웃었다.

"고집쟁이 슈라가 이번에는 졌네."

"원하는 건 모두 손에 넣는 우리 막내도 남자 친구는 어쩔 수 없는 모양이야."

밑에서는 언니들이 소곤거리는 소리가 들리지 않았다. 하지만 키득거리며 웃는 얼굴로 보아 무슨 생각을 하는지 슈라는 알 수 있었다. 그래도 슈라는 포기하지 않았다.

묵묵히 바닥을 닦는 파벨의 뒤를 그림자처럼 슈라가 뒤따랐다. 파벨은 신경 쓰지 않았지만 청소를 하던 다른 아이들은 호기심 어린 눈동자로 흘끔거렸다. 파벨은 화가 난 목소리로 크게 소리쳤다.

"빨리 일들 하지 않고 뭘 쳐다보고 있어!"

슈라는 계속해서 파벨을 쫓아다니며 귀찮게 했다.

"날 친구로 받아줄 때까지 빗자루를 들고 쫓아다닐 거야."

"마음대로 하세요."

슈라는 어떻게 하면 파벨의 마음을 돌려놓을지 속으로 생각했다.

'내가 아끼는 마트로슈카 인형을 준다고 할까?'

마트로슈카는 인형 속에 또 다른 인형이 졉겹이 들어가 있는 러시아의 전통 인형이다. 제일 아끼는 장난감 인형을 주겠다고 할 정도로 간절한 슈라의 마음과는 달리 파벨은 속으로 코웃음을 치고 있었다.

'흥, 누가 꼬맹이를 친구로 삼는대? 정말 웃기고 있네.'

파벨은 흑기사 갑옷이 진열되어 있는 방의 대리석 바닥을 닦았다. 주인님이 자주 오시는 곳이라 특별히 바닥을 깨끗이 해야 했다. 한창 바닥을 닦던 파벨은 뒤를 돌아보았다. 자신을 따라 온 슈라의 발자국이 총총 나 있었다. 순간 파벨은 화가 치밀어 올랐다.

"너 때문에 또 일을 하게 생겼잖아!"

슈라는 파벨의 갑작스런 반말에 놀랐다. 그리고 자신이 걸어오면서 찍힌 발자국을 돌아보면서 당황했다. 슈라는 작은 목소리로 힘없이 사과했다.

"미안해. 내가 닦을게."

"자꾸 방해하지 말고 어서 꺼져!"

버럭 화를 낸 파벨은 큰소리를 쳤다.

"집에 가면 너 같은 동생이 있어. 그러니 까불지 마!"

열 네 살인 파벨에게 아홉 살 슈라는 자기 동생만큼 어렸다. 하지만 파벨의 큰소리에도 슈라는 기죽지 않고 맞받아쳤다.

"친구가 되는데 무슨 나이를 따져. 마음만 맞으면 누구나 친구가 될 수 있어. 어쨌든 난 너랑 친구 할래."

슈라가 지지 않고 말대꾸를 하자 파벨은 더욱 화가 났다. 파벨은 대걸레 자루를 바닥에 내팽개쳤다. 놀란 슈라는 어깨를 움찔했다. 파벨은 슈라에게 다가와 두 손으로 슈라의 어깨를 움켜쥐고 흔들면서 화난 얼굴로 다그쳤다.

"네가 주인집 딸이라고 내가 꼼짝 못할 줄 알아?"

파벨의 위협에도 슈라는 지지 않고 그를 빤히 올려다봤다. 파벨은 슈라의 목을 움켜쥐면서 겁을 줬다.

"더 혼내기 전에 어디 가서 소꿉놀이나 해."

목이 잡힌 슈라는 양손가락으로 자신의 눈가와 입술 양끝을 잡아당겼다. 마치 웃고 있는 피에로 같은 우스꽝스런 얼굴이 되었다. 이어서 슈라는 혀를 날름 내밀기까지 했다.

"하나도 안 무섭거든."

슈라의 갑작스러운 행동에 파벨은 자신도 모르게 피식 웃고 말았다. 사실 파벨은 슈라가 겁을 집어먹고 큰 소리로 울면 어떻게 해야 할지 속으로 걱정을 하고 있었다. 그런데 울기는커녕 혀를 내밀다니 보통 아이가 아니었다.

파벨은 어처구니가 없다는 듯이 물었다.

"넌 내가 무섭지도 않니?"

"아니, 하나도 안 무서워. 넌 내 친구가 될 거니까."

슈라의 대답에 파벨은 빙그레 웃었다.

"좋아. 다른 여자애들처럼 징징거리지 않고 용감해서 마음에 들어."

"그럼 이제부터 나랑 친구 하는 거야?"

파벨은 바닥에 떨어진 대걸레 자루를 주우며 되물었다.

"나 말고도 넌 귀족 학교에 친구가 많잖아?"

"난 학교에 다니지 않아."

슈라에 대답에 파벨은 의외라는 듯 놀랐다.

"학교에 안 다닌다고?"

"응, 대신 집에 가정교사 선생님도 있고. 다른 선생님도 자주 와서 가르쳐줘."

"근데 하필이면 나 같은 애랑 친구를 하자는 거야?"

슈라는 자신이 왜 파벨을 좋아하는지 진지하게 대답했다.

"파벨은 어른들을 똑바로 쳐다보고, 굽실거리지 않아서 좋아. 넌 다른 아이들과 달라."

그제야 파벨은 고개를 끄덕였다.

"너도 다른 여자아이들과는 다르게 용감해. 내 친구가 될 만하지."

파벨이 손을 내밀었고 슈라가 그 손을 잡았다. 세상에 태어나서 처음으로 슈라에게 남자 친구가 생겼다. 그 아이는 슈라보다 다섯 살이나 나이가 많은 열 네 살의 청소하는 아이였다.

슈라가 파벨의 손을 잡고 거실로 나왔다. 위층에서 내려다보고 있던 에브게니아와 제니아의 얼굴에는 호기심이 가득했다. 슈라는 위층을 올려다보며 자랑스럽게 말했다.

"언니들, 나 파벨과 친구 됐다."

"정말?"

에브게니아와 제니아가 두 눈을 동그랗게 뜨며 내려다봤다. 파벨 역시 고개를 끄덕이며 웃음 지었다. 에브게니아는 놀란 눈으로 제니아를 보았다.

"슈라는 정말 자기가 원하는 건 모두 갖는 아이야."

"그러게 말이야. 우리보다 먼저 남자 친구가 생겼네."

"근데 어디 가는 거니, 슈라?"

슈라는 파벨의 손을 끌고 한 방으로 들어갔다.

"친구 된 기념으로 선물을 주려고."

방 한가운데에는 커다란 미끄럼틀과 그네가 놓여 있었다. 벽면을 차지한 선반에는 나무 병정과 헝겊으로 만든 강아지 인형, 오뚝이, 마요르카가 자리를 차지했고 바닥에 놓인 상자에는 고무공, 블록, 퍼즐을 비롯한 각종 장난감이 가득했다. 나무로 만든, 실제랑 꼭 닮은 피아노와 실로폰까지 있었다. 파벨은 마치 장난감 가게에 들어와 있는 듯한 착각에 빠졌다.

"장난감 방이야. 갖고 싶은 걸 골라봐."

파벨은 눈이 휘둥그레져서 장난감 방을 둘러봤다.

"와, 장난감 방도 따로 있어?"

장난감을 둘러보며 감탄하던 파벨의 얼굴이 갑자기 어두워졌다. 파벨은 풀이 죽은 얼굴로 생각했다.

'우리 식구들은 이 방보다 더 좁은 더러운 방에서 다 함께 자는데.'

슈라는 파벨에게 장난감을 주고 싶었다. 하지만 파벨은 고개를 가로저었다.

"나는 장난감 같은 거 필요 없어."

고개를 떨군 파벨은 장난감 방을 나왔다. 뒤따라 나온 슈라가 눈을 동그랗게 뜨고 물었다.

"그럼 뭐가 필요한데?"

슈라의 물음에 파벨은 대답이 없었다. 파벨은 그저 슈라를 내려다보며 얼굴을 찌푸렸다.

잠시 후, 마른 입술을 열고 파벨이 말했다. 마치 말하기 어려운 고민을 털어놓듯이 힘겨운 얼굴이었다.

"먹을 거."

파벨의 대답이 끝나자마자 슈라는 무슨 말을 하는지 알았다는 듯 고개를 끄덕였다. 슈라는 파벨의 한 손을 잡아끌며 앞장섰다.

"그럼 가자."

슈라는 파벨을 데리고 부엌으로 갔다. 부엌 안에는 빵과 과자, 그리고 훈제 연어와 햄, 양배추와 절인 채소가 선반마다 가득 놓여 있었다. 먹을 거라고는 집에 빵 한 덩어리도 없었던 파벨은 저절로 입에 군침이 돌았다.

슈라는 호밀로 만든 흑빵, 파이와 케이크, 토마토 등을 닥치는 대로 식탁 위로 옮겼다. 그리고 그걸 다시 바구니 하나에 가득 담았다. 모두 파벨이 평소 구경하기도 힘든 먹을거리였다.

"자, 이거. 이따 집에 갈 때 갖고 가."

슈라는 바구니를 파벨에게 주었다. 파벨은 침을 꿀꺽 삼켰다.

"슈라, 고맙긴 한데 이래도 되는 거야?"

파벨의 물음이 끝나기 무섭게 뒤쪽에서 누군가 대신 대답했다.

"안 됩니다, 아가씨."

어느새 주방에는 소냐가 들어와 있었다. 소냐는 통통한 몸집의 하녀로 부엌 살림을 맡고 있었다.

"아가씨, 주인님 허락 없이 맘대로 음식을 내주면 안 됩니다."

슈라는 소냐에게 살짝 인사를 하며 최대한 예의를 갖추고 말했다.

"지금 엄마, 아빠는 외출 중이니까 들어오시면 내가 말할게요."

"그래도 안 됩니다. 잘못되면 저만 크게 혼나요."

하녀는 겁먹은 얼굴로 쩔쩔맸다.

"자꾸 안 된다고 하면 제가 훔쳐서라도 줄 거예요. 제가 도둑이 되는 게 좋아요?"

슈라는 안 되겠다는 듯 고집을 피웠다.

마침내 소냐는 두 손을 들고 항복했다. 하녀는 부엌에서 나가면서 할 수 없다는 듯 투덜거렸다.

"아휴, 우리 아가씨 고집은 누구도 못 막는다니깐."

그날 청소를 다 마친 파벨은 슈라가 준 바구니를 들고 집으로 향했다. 슈라는 다른 아이들도 형편이 어려워 다들 자주 굶는다는 얘기를 파벨로부터 듣고는 바구니를 두 개 더 만들어서 다른 아이들 몫도 챙겨주었다. 하녀는 슈라를 말렸지만 그 고집을 꺾을 수 없었다. 소냐는 나중에 주인에게 혼날까 봐 내내 걱정을 하며 끙끙거렸다. 물론 슈라는 전혀 그런 걱정을 하지 않았다.

아이들이 돌아가고 눈이 그칠 무렵이었다. 대저택 실내에 불이 하나둘 밝혀지고 어둠이 깊어질 때 마차 소리와 함께 슈라의 부모님이 돌아왔다. 책을 머리에 이고 조심조심 걷고 있던 슈라는 문소리가 나자 달려 나갔다.

"아빠!"

콧수염을 기른 중년의 신사가 양팔을 활짝 벌리며 슈라를 번쩍 치켜들었다.

"어휴, 우리 귀여운 공주님!"

슈라의 아버지 미하일 도몬토비치는 우크라이나의 귀족 가문 출신으로 현재는 군인 장교였다. 또 어머니 알렉산드라 도몬토비치는 부유한 핀란드 목재 상인의 딸로 인자하고 교양 넘치는 여성이었다.

거실에 앉은 도몬토비치 부부에게 차를 가져온 하녀 소냐가 돌아가지 않고 머뭇거리며 서 있었다. 소냐는 슈라의 눈치를 살피면서 좀처럼 말을 꺼내지 못했다. 슈라는 하녀가 자신이 준 음식 바구니 이야기 때문에 쩔쩔매고 있다는 걸 알았다. 슈라는 하녀가 말하기 전에 먼저 말을 꺼냈다.

"아빠, 오늘 청소하러 온 아이들에게 제가 먹을 걸 챙겨 줬는데 괜찮지요?"

도몬토비치는 기특하다는 듯 어린 슈라의 머리를 쓰다듬었다.

"그래, 슈라가 착한 일을 했구나. 어려운 사람을 도울 줄 아는 네가 대견스럽다."

아버지의 칭찬에 슈라는 배시시 웃었고, 하녀는 안도의 한숨을 내쉬었다. 슈라는 옆에서 웃고 있는 어머니를 향해 고개를 돌린 채 말했다.

"엄마, 아이들이 너무 불쌍해요. 평소에 잘 못 먹나 봐요. 다음에 또 먹을 것을 줘도 괜찮지요?"

도몬토비치 부인도 인자한 웃음을 지으며 고개를 끄덕였다.

"알았다. 급료 외에도 아이들에게 빵과 우유를 줄 테니 넌 걱정하지 마라."

슈라는 소냐를 향해 웃음 지었다.

"거봐요. 아무 문제없을 거라고 했지요."

"네, 아가씨. 다음에는 제가 챙겨 드릴게요."

"네. 근데 그렇게 서 있으면 다리 아프지 않아요?"

슈라는 늘 어머니 앞에서 앉지 못하고 서 있는 하녀에게 동정심을 가졌다.

"소냐 언니, 편하게 앉아서 얘기해요."

소냐는 놀란 얼굴로 손을 내저었다.

"아가씨, 이러시면 안 됩니다."

소냐는 마치 할 일이 생겼다는 듯 도몬토비치 부부에게 가볍게 목인사를 하고는 자리를 떴다. 도몬토비치는 딸의 이런 모습을 웃으며 바라보았다. 슈라는 아버지에게 어리광을 부리며 물었다.

"아빠, 오늘은 어디 가서 어떤 사람을 만나셨어요?"

"파티에 가서 엄마와 춤을 추고, 친구들을 만나 대화를 나누었지."

"저도 밖에 나가보고 싶어요. 매일 집 안에 있어서 답답해요."

도몬토비치 부인이 걱정 가득한 목소리로 끼어들었다.

"넌 아직 어려서 안 돼. 밖이 얼마나 춥고 험한지 몰라서 하는 소리다."

"치, 엄마는 만날 안 된다는 말뿐이야."

도몬토비치는 밖에 나가고 싶어 하는 슈라를 달랬다.

"네가 어른이 돼서 가보고 싶은 곳이 생기면 어디든 데려다 주마."

"정말이지요, 아빠? 저는 프랑스에 가보고 싶어요."

"걱정 말아라. 유럽뿐 아니라 아메리카도 보내 주마."

슈라는 꿈꾸는 눈동자로 눈이 그친 창밖을 내다보았다. 슈라는 어서 빨리 커서 밖을 자유롭게 돌아다니며 살고 싶었다. 그리고 소설을 쓰는 외교관이 되고 싶었다.

2장
창문 밖 얼음 궁전

창문 너머로 눈이 펑펑 쏟아졌다. 슈라는 창틀에 턱을 괸 채 눈 내리는 창밖을 내다보았다. 창 옆으로는 허리를 숙인 파벨이 바닥을 열심히 닦고 있었다. 창밖을 내다보던 슈라가 중얼거렸다.

"난 밖에 나가보는 게 소원이야. 밖은 어떤 곳일까?"

"밖은 그냥 추워. 난 이렇게 따뜻한 곳이 좋아."

슈라가 고개를 돌려 파벨을 바라보았다.

"파벨, 난 밖이 궁금해. 날 밖에 데려다줄래?"

파벨은 대걸레질을 멈추고 허리를 세웠다.

파벨도 슈라가 원한다면 밖의 길거리를 구경시켜주고 싶었다. 하지만 생각할수록 위험한 일이다. 슈라가 원하는 대로 해줬다가는 청소 일거리도 잃고, 다시는 슈라를 못 볼 수도 있다. 잠시 생각하던 파벨은 슈라를 빤히 쳐다보며 대답했다.

"그건 안 돼. 주인님한테 혼난단 말이야."

이때 둘째 제니아가 옆으로 다가오더니 한 손을 들어 보이며 파벨에게 인사했다.

"하이! 슈라스 프렌드 나이스 투 밋츄!"

파벨은 어안이 벙벙한 얼굴로 아무 대답 없이 제니아를 한참 바라봤다. 그러자 얼굴이 새빨개진 제니아는 도망치듯 자리를 피했다. 파벨은 어리둥절한 표정으로 슈라를 보았다.

"방금 쟤가 나한테 뭐라고 한 거야?"

"슈라의 친구를 만나 반갑다고 영어로 말한 거야."

파벨은 깜짝 놀라 물었다.

"영어라고? 너희 영국 말도 할 줄 알아?"

"응, 언니들하고 난 가끔 영어랑 불어로 이야기를 해."

"와, 정말 대단하다. 어떻게 그럴 수가 있지?"

"스트라호바 선생님이 불어랑 독어를 가르쳐 주셔. 그리고 유모인 미스 호존이 어렸을 때부터 영어를 가르쳐 주셨어."

"그럼 4개 국어나 하는 거네."

"어렵지 않아. 내가 영어 가르쳐 줄까?"

슈라는 파벨의 대걸레 자루를 빼앗아 들고는 먼지가 쌓인 바닥을 찾았다. 그리고 대걸레를 붓으로 삼아 바닥에 'friend'라고 적었다.

"이건 알파벳이고 프렌드라고 읽어. 프렌드는 친구란 뜻이야. 파벨, 넌 내 프렌드야."

바닥에 적힌 알파벳 글자를 바라보며 파벨이 부끄러운 듯 웃으며 고백했다.

"난 사실 우리말도 잘 읽고 쓸 줄 몰라."

농민의 아들로 태어난 파벨은 어렸을 적부터 농사일을 돕느라 학교를 가지 않았다. 4개 국어를 할 줄 아는 슈라 앞에서 파벨은 왠지 자신이 작아지는 느낌이었다. 이때 슈라가 파벨의 손을 잡았다.

"일 끝나고 남아."

"왜?"

"나랑 같이 공부해."

파벨은 슈라가 공부를 가르쳐 준다고 하지 않고 같이 공부하자고 해서 그나마 덜 창피했다. 어린 슈라는 나이가 많은 파벨을 그만큼 생각할 줄 알았다. 파벨은 고개를 끄덕였다.

"좋아, 네가 원한다면 배워볼게. 하지만 오래는 못 해."

슈라는 파벨이 자신의 부탁을 들어줘서 고마웠다. 그리고 파벨과 함께 책을 읽을 생각을 하니 벌써부터 기분이 좋았다. 파벨은 다시 대걸레를 밀면서 슈라를 보았다.

"근데 넌 공부하는 게 좋은 모양이구나. 난 솔직히 별로인데."

"아니야. 책 읽고 공부하는 게 얼마나 재미있는데."

"아니야. 노는 게 더 재미있어."

파벨은 슈라에게 대걸레 자루를 들이밀었다.

"자, 여기 올라타봐."

슈라는 대걸레 위로 폴짝 뛰어 올랐다. 밀대 위에 쪼그리고 앉아 자루 밑동을 잡자 파벨은 자루 끝을 잡고 썰매처럼 대걸레를 끌었다.

파벨은 슈라를 태우고 기차놀이를 했다. '칙칙 폭폭' 소리를 내면서 미끄러운 복도를 누비자 슈라는 환호성을 질렀다.

"와아, 신 난다!"

"거봐, 노는 것도 재미있지."

뒤늦게 달려와서 구경하던 둘째 제니아도 대걸레 기차놀이에 끼어들었다.

"나도 태워줘."

다른 아이들이 제니아를 도와주었다. 대저택에서는 하하하 웃음소리가 끊이질 않았다.

웃고 즐기는 사이 어느새 파벨이 떠나야 할 시간이 되었다. 공부는 다음 시간부터 하기로 한 후 파벨과 아이들은 하녀가 준비해둔 음식 바구니를 들고 대저택을 떠났다.

돌아가는 아이들을 보며 슈라는 어린 나이답지 않은 생각을 했다.

'난 내 방이 있고 옷이 가득한 옷장과 장난감 방까지 있어. 그런데 저 아이들은 왜 그런 게 없는 거지?'

슈라는 저택 밖의 아이들과 자신이 먹고 입는 것부터가 다르다는 사실을 깨달았다. 슈라는 처음으로 자신이 귀족 출신이라는 것이 부끄러웠다.

거실에서 도몬토비치 부부가 손님을 맞이했다. 외투를 벗고 소파에

앉은 표도르는 도몬토비치와는 친구 사이였다. 하지만 서로 생각하는 바가 많이 달랐다. 도몬토비치가 신중한 얼굴로 먼저 입을 열었다.

"러시아도 프랑스 같은 선진 유럽 국가들처럼 의회 민주주의를 해야 한다고 생각하네."

맞은편에 앉은 표도르는 고개를 절레절레 흔들었다.

"아니지. 황제폐하께서 살아 계시니 의회는 필요 없네."

손님에게 인사를 마치고 자기 방으로 돌아간 언니들과는 달리 슈라는 거실에 남아 있었다. 귀를 쫑긋 세운 채 슈라는 아버지와 표도르의 이야기를 들었다. 어머니도 슈라 옆에 앉아 있었지만 대화에 끼어들지 않고 조용히 있었다. 다시 도몬토비치가 힘주어 말했다.

"러시아가 발전하려면 황제께서 민주주의를 앞장서서 실시해야 하네."

"민주주의는 러시아를 더욱 혼란스럽게 만들 뿐이야."

슈라는 아버지의 말에 번번이 반대하는 표도르 아저씨가 못마땅했다. 계속 대화가 어긋나자 도몬토비치와 표도르는 잠시 아무런 말도 하지 않았다. 이때 얼굴이 굳어진 표도르가 빈 파이프를 집어 들었고 이를 본 도몬토비치가 슈라에게 심부름을 시켰다.

"슈라, 표도르 아저씨께 담배 상자 좀 갖다 드려라."

"싫어요."

슈라의 한 마디에 거실은 찬물을 끼얹은 것처럼 조용해졌다. 표도르의 얼굴이 딱딱하게 굳어졌고, 도몬토비치는 당황한 얼굴로 헛기침을 했다. 슈라는 담배 심부름을 하기 싫다는 짜증스런 얼굴이었다.

도몬토비치 부인이 슈라를 타일렀다.

"슈라, 싫다는 말은 예의바르고 교양 있는 숙녀가 쓰는 말투가 아니야."

"저는 아직 숙녀가 아니잖아요. 싫은 건 싫은 거지요."

슈라의 말에 표도르는 기분이 상했는지 그개를 돌렸다. 좀처럼 딸을 혼내지 않는 도몬토비치가 나섰다.

"슈라, 너답지 않게 왜 버릇없이 구는 거냐?"

아버지가 엄한 얼굴로 혼내듯 말하자 슈라는 분위기가 안 좋다는 걸 알고 금방 얼굴색을 바꾸며 씽긋 웃음 지었다.

"담배는 몸에 해로워요. 피우시지 않는 지 좋잖아요."

슈라는 소파에서 일어나며 고개 숙여 인사를 드렸다.

"과일을 가져다 드리는 건 좋지만 담배 심부름은 사양할게요."

그제야 표도르는 화가 풀린 얼굴이 되었다.

"오호, 어른의 건강까지 염려하다니 참으로 마음 씀씀이가 고운 딸일세."

불쾌해하던 표도르의 기분이 좋아 보이자 도몬토비치 부부도 마음이 놓였다.

"용서하세요. 먼저 실례하겠습니다."

슈라는 거실을 빠져나갔다. 담배는 슈라 대신 하녀가 표도르에게 건네주었다.

거실에서 나온 슈라가 제 방으로 가려고 할 때 마리아 스트라호바가 다가왔다.

스트라호바는 밖에 서서 모든 것을 보고 있었다. 그녀는 안에서의 일이 무척 궁금한 얼굴이었다.

"왜 심부름을 안 하셨어요?"

"나 저 아저씨 알아요. 저 아저씨 왕당파 맞지요?"

잠시 멈칫하던 스트라호바는 가볍게 웃으며 되물었다.

"왕당파라니요?"

"왕을 지지하는 사람이잖아요. 우리 아빠는 군인이지만 자유주의파고요."

"잘 아시네요."

슈라의 아버지는 의회 민주주의를 지지하는 자유주의파로 한때 자유주의파에 가담해 정치적 탄압을 받기도 했었다. 자유주의파는 프랑스와 같은 유럽식 의회 민주주의를 지지했고 귀족들을 비롯한 보수파들은 황제 중심의 국가를 지지했다.

"저 왕당파 아저씨는 아빠가 어려움에 처했을 때 도와주시지도 않고 모른 척했어요. 저런 사람은 친구도 아니에요."

슈라는 똑똑하면서도 당돌한 아이였다.

"슈라 아가씨 말이 맞습니다."

"근데 우리 황제폐하는 왜 의회민주주의를 안 하는 거예요?"

"그건 아가씨 방에 가서 제가 자세히 설명해 드리죠."

슈라는 궁금한 건 참지 못했고 그때마다 가정교사의 도움을 받았다. 도몬토비치보다도 더 급진적인 개혁주의자인 스트라호바는 어린 슈라에게 부모님만큼이나 커다란 영향을 끼쳤다.

겨울 내내 내리던 눈이 잦아들던 삼월 첫째 날이었다. 봄은 왔지만 가끔씩 눈발이 날렸고 찬바람이 불었다. 지난겨울 동안 슈라는 파벨과 더욱 친해졌다. 파벨이 바닥 닦는 일을 끝내면 한 시간 정도 함께 책을 읽으며 공부도 했다. 처음에는 더듬더듬 책을 읽던 파벨도 이제는 빨리 읽게 되었고, 어려운 철자도 제법 쓸 줄 알게 되었다.

오늘도 슈라는 파벨이 오기만을 기다렸다. 슈라는 청소하는 아이들이 오자 하녀들보다 먼저 달려 나가 문을 열어주었다. 슈라는 양팔을 활짝 벌리고 웃는 얼굴로 반겼다.

"파벨, 어서 와. 오늘도 같이 청소하고 공부하자."

"응."

파벨이 힘없이 대답했다. 오늘따라 얼굴빛이 어두웠고 시무룩해 보였다. 슈라는 파벨을 도와 함께 청소를 했다. 하지만 파벨은 평소와 달라 보였다. 아이들에게도 큰소리로 일을 시키지도 않았다. 힘차게 바닥을 닦지 않았고 억지로 시킨 일을 하듯 천천히 했다. 힘이 없는데다 슬퍼 보이기까지 했다. 슈라가 파벨의 얼굴을 뚫어져라 들여다보며 물었다.

"왜 그래? 파벨, 무슨 일 있어?"

파벨이 바닥을 닦던 대걸레질을 멈췄다. 잠시 머뭇거리던 파벨이 입을 열었다.

"오늘이 마지막 날이야."

"마지막 날이라니?"

"여기서 바닥 닦는 일을 오늘까지만 하게 됐어. 다른 아이들은 계속 오고 나만 다음부터 안 올 거야."

슈라는 갑자기 할 말이 없어지면서 앞이 깜깜해졌다. 간신히 힘을 내어 물었다.

"왜?"

"날씨가 풀려서 부모님이랑 우크라이나로 이사를 가게 됐어."

"왜 그걸 이제야 말하는 거야?"

"먼저 말하든 나중에 말하든 어차피 난 떠나야 해."

금세 슈라의 눈가가 붉어지고 촉촉해졌다. 파벨은 대걸레 자루를 다시 밀며 일을 시작했다.

"마지막 날이라고 그냥 놀 수는 없어."

마지막이라는 말에 슈라는 가슴이 턱 막혔다. 금방이라도 눈물이 날 것 같았다. 파벨이 이사를 가지 않도록 막고 싶었다. 하지만 이건 자신이 맘대로 할 수 없는 일이었다.

파벨이 아무런 말도 없이 청소를 하자 슈라는 갑자기 바빠졌다. 마지막으로 파벨에게 줄 먹을거리와 선물을 챙기기 위해 이리저리 뛰어다녔다.

슈라는 가장 큰 바구니에 정신없이 먹을거리를 담았다. 하녀 소냐는 영문도 모른 채 슈라를 도왔다.

슈라는 일을 마치고 돌아가는 파벨 앞으로 바구니와 함께 급히 쓴 편지를 주었다. 편지에는 그동안 파벨과 함께한 시간들이 얼마나 소중하고 즐거웠는지 적혀 있었다. 그리고 맨 마지막에는 자신의 주소를 적고 언제든 친구의 도움이 필요하면 연락하라고 덧붙였다.

파벨은 그동안 슈라에게 글을 배워서 편지를 읽을 수 있었다. 편지를 읽는 파벨의 두 손은 가볍게 떨렸고 눈동자는 흔들렸다.

파벨이 슈라에게 마지막이라도 되는 듯 천천히 말했다.

"그동안 많이 고마웠어, 친구야."

파벨은 자신이 받은 바구니와 편지를 내려다보고는 고개를 떨구었.

"너한테 받기만 하고, 난 줄 게 없네."

머뭇거리는 파벨의 뒤로 아이들이 집으로 돌아가기 위해 기다리고 있었다.

"파벨, 어서 가자."

다른 아이들이 가자고 재촉하자 파벨은 발길을 돌렸다. 돌아서는 파벨을 보는 순간 슈라의 눈에 작은 이슬이 맺혔다. 파벨은 갑자기 생각이 났다는 듯 발걸음을 멈추었다. 그리고는 슈라를 돌아보면서 조용히 말했다.

"나도 너한테 마지막으로 선물을 하나 주고 싶어."

"선물이라니?"

"네 소원을 들어줄게."

"어, 내 소원이라니?"

"언젠가 밖에 나가 보고 싶다고 했잖아."

파벨은 슈라의 한 손을 잡아끌었다.

"날 따라와."

슈라의 두 눈이 휘둥그레졌다. 좀 전까지 이슬이 맺혀 흐려졌던 두 눈은 이제 호기심으로 반짝였다.

파벨은 슈라의 손을 이끌고 조용히 거실 너머 작은 통로로 다가갔다. 통로 끝으로 간 파벨은 밖으로 통하는 창문을 열었다. 그리고 돌아서며 슈라를 향해 말했다.

"너 정도면 충분히 빠져 나갈 수 있어."

슈라는 침을 삼키면서 열린 창문을 바라봤다.

파벨을 비롯한 아이들은 모두 저택 밖으로 나갔다.

밖으로 나간 파벨과 아이들은 건물 모퉁이를 향해 살금살금 다가갔다. 그리고 창문 아래로 파벨이 몸을 웅크리며 엎드렸다. 그새 두툼한 외투를 입은 슈라가 한 발을 창밖으로 내밀었다. 창문을 빠져나온 슈라는 손을 잡아주는 아이의 도움을 받아 아래로 내려왔다.

"들키기 전에 빨리 나가자."

밖으로 나간 파벨은 아이들과 사거리에서 헤어졌다. 그 다음부터는 슈라와 함께 길을 걸었다.

처음 보는 페테르부르크의 거리 풍경에 슈라는 시간 가는 줄 몰랐

다. 하지만 파벨과의 마지막 시간이라고 생각하니 일분, 일초가 소중하게만 느껴졌다. 바구니를 든 파벨이 쑥스러운 얼굴로 말했다.

"거봐, 별로 볼 거 없잖아."

"아니야. 나는 지나가는 사람들 구경하는 것만으로도 신기해."

"어디 가 보고 싶은 데 있어?"

슈라가 환한 얼굴로 대답했다.

"응, 겨울궁전을 보고 싶어."

"그래. 그럼 가보자."

파벨은 한 손에는 바구니를, 다른 손에는 슈라의 손을 잡고 길모퉁이를 돌았다.

한편, 외출했다 돌아온 도몬토비치 부인은 슈라를 찾고 있었다.

"슈라? 어디 있니?"

하지만 슈라의 대답 소리는 들리지 않았다. 걱정스런 얼굴을 한 도몬토비치 부인 앞으로 스트라호바가 다가왔다.

"슈라 아가씨는 낮잠을 주무세요."

도몬토비치 부인은 고개를 갸웃거리며 의아하게 생각했다.

"슈라는 생전 낮잠 같은 건 모르는 애인데."

"어제 밤을 새워 책을 읽으신 것 같더라고요."

"음, 그럼 깨우지 마세요. 난 또 어디로 사라졌는지 걱정했었네."

도몬토비치 부인이 돌아서자 스트라호바는 안도의 한숨을 쉬었다.

사실 스트라호바는 슈라가 창밖으로 나가는 장면을 우연히 보았다. 하지만 슈라를 말려봤자 밖으로 나가겠다고 고집을 부릴 게 뻔했다. 또 슈라가 한 번쯤 바깥 구경을 하는 것도 괜찮을 것이라고 생각해서 몰래 빠져나가는 슈라를 보고도 모른 척했다.

 스트라호바는 거실의 괘종시계를 바라봤다. 슈라가 나간 지도 벌써 두 시간이 지났다. 단순히 동네 한 바퀴를 돌고 들어올 거라 생각했는데 그게 아니었다. 스트라호바는 집 밖으로 나간 슈라가 슬슬 걱정되기 시작했다.

 걱정하는 스트라호바의 마음과 달리 슈라는 거리를 즐겁게 거닐고 있었다. 다만 파벨과의 마지막 날이라는 사실이 슈라의 마음을 아프게 했다.

 나란히 손을 잡고 길을 걸으면서 슈라가 물었다.

 "그런데 왜 갑자기 우크라이나로 이사 가는 거야?"

 "아버지가 지주에게 땅을 빼앗겼어. 농사지을 땅을 찾아서 우크라이나로 가는 거야."

 "우크라이나로 가면 땅이 있어?"

 "다른 땅 주인을 찾아가서 사정을 해 봐야지. 나도 아버지랑 농사를 지을 거야."

 "농노개혁도 다 헛말이었네."

 슈라는 전에 신문에서 농노개혁에 관한 기사를 읽었다. 신문에서 읽고 모르거나 궁금한 건 스트라호바 선생님에게 물어보았기에 농노개혁이 지주들 밑에서 일하는 농노들을 해방시켜주는 것이라는 걸 알고 있었다. 하지만 파벨은 어린 슈라가 그런 내용을 알고 있을 거라고는 생각도 못 했다.

"농사짓는 나도 잘 모르는 농노개혁도 다 알고, 제법이네."

슈라는 알렉산드로 2세 황제가 실시한 농노개혁의 문제점을 스트라호바에게서 들어서 잘 알고 있었다. 슈라는 그 내용을 파벨에게 설명했다.

"근데 해방된 농민들은 지주들 곁을 떠나도 농사지을 토지를 구할 수 없잖아. 돈이 없으니 말이야."

슈라의 이야기를 들으며 파벨은 더욱 놀랐다.

"농민들 먹고 사는 이야기까지 다 알고, 정말 대단하다."

"마리아 선생님이 가르쳐 주신 거야."

파벨과 슈라는 운하를 따라 걸으며 떠들었다. 겨울 내내 얼어 있다 풀린 초록빛 강이 햇빛을 받아 반짝이며 흘러가고 있었다. 슈라와 파벨은 강을 가로지르는 아름다운 다리를 건넜다. 그리고 멀리 페테르부르크의 궁전이 보였다. 파벨은 슈라를 잡고 있던 손을 놓고는 멀리 궁전을 가리켰다.

"저게 겨울궁전이야."

"와아, 너무 멋있고 예쁘다."

운하 다리 너머로 초록색 궁전이 가까이 보였다. 궁전의 창틀은 화려하게 장식되어 있었고 지붕에는 석상들이 서 있었다. 그 옆에는 거대한 황금색 첨탑의 성당이 보였다. 가까이 다가갈수록 강물에 비친 겨울궁전도 환하게 보였다.

　겨울궁전 앞은 수많은 구경꾼들과 사람들르 가득 차 있었다. 아름답고 거대한 궁전의 모습에 놀란 슈라는 수많은 사람들의 행렬에 또 한 번 놀랐다. 이때 어디선가 나팔 소리가 크게 들려왔다. 이어서 말을 탄 군인들이 급히 지나가며 길을 열었다.

　"모두 비켜라, 황제폐하께서 납신다."

　슈라와 파벨은 사람들이 웅성거리는 소리를 듣고는 그쪽으로 달려갔다.

　"알렉산드로 2세가 지나가나봐."

　"와아, 어디? 구경 가자."

　화려한 기병들의 호위를 받으며 거대한 바퀴가 달린 마차가 천천히 달려오고 있었다. 사람들은 왕의 행렬을 보기 위해 궁전 앞으로 몰렸다. 슈라와 파벨도 사람들 사이에 끼여서 앞으로 나아갔다.

　황금색 마차가 궁전 안으로 들어섰다. 마차의 문은 검은색 창이 쳐져 있어서 안이 보이지 않았다. 신문에서 봤던 알렉산드로 2세의 얼굴을 보고 싶었던 슈라는 내심 실망했다.

　이때였다. 갑자기 콰쾅 소리와 함께 뿌연 연기가 앞을 가렸다. 폭탄이 터진 것이었다. 갑작스런 커다란 폭발음에 파벨도 놀랐고 슈라도 귀가 먹먹했다.

"누군가 황제폐하를 공격했다. 범인을 잡아라!"

두 손으로 귀를 막은 슈라는 마차 위에서 말을 몰던 마부가 어느새 바닥에 쓰러진 것을 보았다. 또 그 옆으로 군인들 두 명이 쓰러져 있었다. 황제를 죽이기 위한 폭탄 테러였다.

"와, 마차는 멀쩡해."

마차는 연기에 휩싸인 채로 찌그러졌지만 크게 부서지지는 않았다.

칼을 빼어든 기병들과 총을 든 군인들이 달려와서 한 사내를 잡았다. 사람들이 웅성거리면서 구경하고 있는 터라 기병들은 몰려드는 사람들을 쫓아내면서 질서를 잡았다.

"가까이 다가오지 말고 모두 물러서라!"

이때 마차 문이 열리면서 황제가 손짓을 했다. 그러자 호위군 장교가 마차를 향해 달려갔다.

"폐하께서는 무사하시다."

사람들이 웅성거리는 시끄러운 소리와 함께 호루라기 소리가 요란했다. 어디선가는 군인들의 총소리까지 들려왔다. 바구니를 움켜 쥔 파벨은 다른 손으로 슈라를 잡아끌었다.

"어서 가자. 여기 있다가는 위험해."

파벨이 슈라의 손을 잡고 재촉했다. 하지만 호기심 많은 슈라는 자리를 뜨려고 하지 않았다.

"근데 왜 황제폐하를 죽이려고 하는 거지?"

이번에는 파벨이 슈라에게 자신 있게 대답했다.

"황제는 벌써 다섯 번이나 암살당할 뻔했어. 왕이 제대로 정치를 했다면 사람들이 왜 왕을 죽이려고 하겠어."

호기심이 많은 슈라는 궁금한 얼굴로 물었다.

"그럼 파벨은 범인이 누군지 알아?"

파벨은 예전에 농민들로부터 황제를 암살하려고 하는 세력이 있다는 걸 들었다.

"분명 나로드니키당 당원일 거야."

슈라는 고개를 갸우뚱했다. 나로드니키당은 처음 듣는 말이었다. 슈라가 고개를 갸웃거리자 파벨은 싱긋 웃으며 아는 척했다.

"지주들한테 땅을 빼앗기고 유랑하는 농민들이 지지하는 당이야."

"그래서 알렉산드로 2세를 죽이려 했구나."

슈라가 고개를 끄덕일 때였다. 갑자기 이전보다 훨씬 큰 폭발음이 다시 들려왔다. 파벨은 본능적으로 슈라의 손을 세게 잡아끌었다.

"빨리 돌아가자."

슈라는 파벨과 함께 뛰면서 투덜거렸다.

"겨울궁전 안도 구경하고 싶었는데 이게 뭐야?"

폭발음은 연속적으로 두 번이나 더 들렸다. 엄청나게 큰 소리였다. 어디선가 군인의 커다란 외침이 들려왔다. 슈라가 흘깃 돌아보니 크게 부서져 연기가 피어오르는 황제의 마차가 보였다. 화려한 황금색 마차는 어느새 시커멓게 주저앉아 있었다.

"황제폐하께서 당하셨다!"

순식간에 궁전 앞은 아수라장이 되었다. 몇 몇 사람들은 비명을 질렀다. 사람들의 울부짖는 소리가 거리마다 가득했다. 도망치던 사람들은 서로 밀고 밀리면서 궁전의 반대편으로 몰려갔다.

"밀지 마!"

"안 돼. 위험해!"

파벨과 슈라도 인파에 끼어서 떠밀렸다. 파벨은 슈라의 손을 꼭 잡고 안심시켰다.

"걱정 마. 집까지 데려다 주고 갈게."

이때 파벨이 다른 손으로 잡고 있던 바구니가 사람들 사이에 끼어서 움직이지 않았다. 파벨은 바구니를 빼내려고 양손으로 잡아 당겼다. 그 사이 파벨의 손을 놓친 슈라는 사람들 사이에 끼어 떠밀리듯 멀어졌다. 슈라와 파벨은 서로의 이름을 안타깝게 부르며 멀어져갔다.

"파벨! 파벨!"

"슈라!"

파벨은 바구니를 간신히 챙겼지만 그 사이 슈라는 사라지고 말았다. 파벨은 주위를 두리번거리며 뛰어다녔지만 슈라를 찾을 수 없었다.

슈라는 거리에 서서 파벨을 찾았지만 보이지 않았다. 차라리 가만

히 서서 기다리는 편이 나을 것 같았다. 조금 전까지 사방에서 자신을 꽉 누르던 사람들은 어느새 다들 어디론가 사라졌다.

한 무리의 기마 경찰과 군인들이 겨울궁전을 향해 뛰어갔다. 슈라는 가만히 서서 자신이 어느 길로 왔는지 생각했다. 그때 누군가 슈라의 어깨를 잡았다. 슈라는 반색하며 돌아섰다. 순간적으로 분명 파벨이리라 생각했다.

"파벨!"

그러나 슈라 앞에는 파벨이 아니라 스트라호바가 서 있었다.

"마님이 돌아오셔서 아가씨를 찾고 계세요. 어서 가요."

슈라는 스트라호바를 따라나섰다.

"근데 내가 여기 있는 걸 어떻게 알았어요?"

"전에 겨울궁전에 가보고 싶다고 말했잖아요."

"나 황제가 탄 마차가 폭발하는 걸 봤어요."

스트라호바가 고개를 끄덕였다.

"저도 오는 도중에 얘길 들었어요."

"근데 나로드니키당이 뭐예요?"

"국민주권당이라고 하는데 민주적인 의회와 농민들의 토지를 요구하는 정당이에요."

스트라호바는 슈라가 어디서 나로드니키당 이름을 들었는지 궁금했다.

"근데 아가씨는 그 정당 이름을 어떻게 알았어요?"

"파벨이요. 파벨이 그러는데 황제가 정치를 잘못해서 농민들이 그를 죽이려 한다고 했어요."

스트라호바는 공감한다는 듯 고개를 끄덕였다.

"맞아요."

"아, 그러면 황제가 죽었다고 슬퍼할 일만은 아니네요."

그때 멀리서 파벨이 앞으로 뛰어가는 모습이 보였다. 슈라는 깜짝 놀라며 크게 손짓을 하면서 반가운 목소리로 파벨을 불렀다.

"파벨!"

그러나 목이 쉬어라 불러도 파벨은 돌아보지 않았다. 자세히 살펴보니 거리를 뛰어가던 소년은 파벨이 아니었다. 단지 키가 비슷한, 파벨 나이 또래의 소년으로 보였다. 순간 실망한 슈라는 울상이 되었다. 하지만 슈라는 이내 얼굴 표정을 밝게 지으며 그 소년이 마치 진짜 파벨이라도 되는 양 손을 흔들며 인사를 했다.

"안녕, 파벨! 우크라이나에서 잘 살아야 해!"

이틀 후, 도몬토비치 부인은 거실에서 신문을 읽으며 황제 암살 소식을 자세히 알게 되었다. 이 일로 인해 장교였던 도몬토비치는 비상사태를 맞아 이틀째 집에 들어오지 않은 상태였다.

뜨개질을 하던 슈라는 어깨 너머로 어머니가 보던 신문을 훔쳐보았다. 신문을 보니 이틀 전 여러 번의 폭발음이 울렸던 이유를 알 수 있었다. 황제가 탔던 황금 마차는 총알도 막아낸다는 방탄 마차였다.

그래서 여러 발의 폭탄이 필요했던 것이다. 그러나 그것보다 더 깜짝 놀랄 만한 소식이 신문에 있었다. 신문을 보던 도몬토비치 부인이 놀란 목소리로 말했다.

"어머나, 황제를 암살한 범인 중에 여자들이 있었네."

슈라는 뜨개질을 멈추고 신문을 자세히 보았다.

"와, 정말 여자가 폭탄 테러를 한 거예요?"

"여자들이 왕을 암살할 생각을 하다니 너무 충격적이구나."

"여자라고 못 할 건 없잖아요. 남자들이 하는 건 여자도 다 할 수 있어요."

"그래도 남을 죽이려고 하는 건 옳지 않아. 결국 이 불쌍한 여자도 처형을 당하게 생겼잖아."

슈라는 어머니의 말에도 지지 않고 계속 대꾸했다.

"사람들이 왕을 암살하려고 하는 건 왕이 국민에게 존경받지 못하기 때문이에요. 또 알렉산드로 2세는 러시아 땅인 알래스카를 미국에 팔아넘긴 한심한 왕이잖아요."

슈라의 말에 깜짝 놀란 도몬토비치 부인은 얼른 목소리를 낮추었다.

"슈라, 어디 가서 그런 말하면 큰일 난다."

슈라는 어머니의 어깨를 한 손으로 두드리며 싱긋 웃어 보였다.

"괜찮아요, 엄마. 무서워도 할 말은 하고 살아야죠."

"슈라, 넌 어린 아이가 못 하는 말이 없구나."

도몬토비치 부인은 질린 표정으로 신문을 슈라에게 내주고 대신 뜨개질을 시작했다. 그리고 엎드린 자세로 골똘히 신문을 읽는 슈라를 보며 생각했다.

'슈라는 커서 뭐가 되려고 저러는지 걱정이네.'

그날 밤, 잠을 자기 위해 누워있는 슈라에게 스트라호바가 찾아왔다. 침대 한 켠에 다가와 앉은 스트라호바에게 슈라가 신문에서 본 것을 말했다.

"황제를 암살한 여자들 정말 대단하지 않아요?"

스트라호바는 말없이 고개를 끄덕였다. 침대 위에 누워 있던 슈라는 일어나서 자세를 고쳐 앉았다.

"저에게 꿈이 한 가지 더 생겼어요."

"뭔데요?"

슈라는 베개 옆에 놓은 잔다르크 위인전을 들어 보였.

"프랑스를 구한 잔다르크처럼 러시아를 구하는 여성 영웅이 되고 싶어요. 황제를 암살한 그 여자처럼 말이에요."

자랑스럽게 말하는 슈라를 보며 스트라호바 선생이 싱긋 웃었다.

"혁명가가 되고 싶은 모양이군요."

"혁명가가 뭐예요?"

"잘못된 법이나 정치를 바꾸기 위해서 활동하는 사람을 혁명가라고 해요."

슈라는 새로운 꿈이 하나 더 생겼다는 듯 기뻐했다.

"저는 그럼 혁명가가 되겠어요."

"혁명가가 돼서 뭘하시려고요?"

"나쁜 황제로부터 러시아를 구하겠어요. 그리고 가난한 농민들에게 공짜로 토지를 나눠주겠어요."

슈라는 마치 자신의 소원을 벌써 다 이룬 듯 꿈에 부풀어 있었다. 슈라는 신이 나서 손가락을 꼽았다.

"아, 나도 커서 할 게 많네요. 소설가에 외교관, 그리고 혁명가도 될 거예요."

스트라호바는 미소를 지은 채 슈라의 머리를 쓰다듬어 주었다. 잠시 후, 스트라호바는 잘 자라는 말을 남기고 방을 떠났다.

침대에 누운 채 이불을 끌어 올린 슈라는 이내 잠이 들었다. 꿈속에서 파벨을 만난 슈라는 몸을 뒤척이면서 잠꼬대처럼 중얼거렸다.

"파벨, 나중에 내가 혁명가가 돼서 너에게 땅을 줄게."

3장
연인을 선택하고
결혼에 성공하다

그루지야의 티플리스 언덕에 위치한 성에서 무도회가 벌어졌다.

쇼팽의 빠른 피아노곡과 백파이프 연주에 맞춰 젊은 남녀들이 움직였다. 여러 쌍의 남녀들은 원형으로 둘러서서 발을 구르며 춤을 췄다. 앉았다 일어서면서 발뒤꿈치로 바닥을 치는 러시아 전통춤인 마주르카였다.

팔짱을 낀 채 파트너를 바꾸며 춤을 추는 여자들 중에 눈에 띄는 사람이 있었다. 이제 막 열 아홉 살이 된 슈라였다.

슈라가 치맛자락을 잡고 마주르카를 추자 실내에 있던 사내들은 넋을 잃고 바라보았다. 슈라는 양 뺨 옆으로 박수를 엇갈려 치며 고개를 돌렸다. 그리곤 허리에 한 손을 댄 채 발을 찼다.

푸른빛이 도는 회색 눈동자는 여전했지만 슈라는 더 이상 소녀가 아니었다. 늘씬한 몸매에 금갈색 머리카락을 휘날리며 경쾌하게 춤을 추는 슈라를 향해 사내들이 줄을 지어 춤을 청했다. 슈라는 화려한 군복을 입은 사내가 내민 손을 잡았다. 키가 큰 미남인 그는 황실 부관 투톨민이었다.

투톨민은 슈라의 어깨와 허리를 한 손으로 잡고 나란히 돌았다. 투톨민은 춤을 추는 사이 슈라에게 말을 걸었다.

"제가 말 타는 법을 가르쳐 주겠습니다. 나중에 저랑 승마장에 가시죠."

"고맙습니다. 하지만 저도 혼자서 말은 잘 타요."

잘난 척하지 않으면서도 솔직한 대답에 투톨민은 고개를 끄덕였다.

"그럼, 제가 아가씨에게 배워야겠네요."

투톨민은 미소를 지은 채 슈라와 더 대화를 하려고 했다.

"저한테 안 배우셔도 잘 타실 거 같은데요."

슈라는 투톨민의 가슴에 금색 실로 수놓인 독수리를 보고 그가 황실 근위대원임을 알았다. 그새 음악이 그쳤고 춤추던 사람들은 잠시 쉬기 위해 제자리로 돌아갔다.

투톨민은 잡고 있던 슈라의 한쪽 손을 놓으며 정중하게 허리 숙여 인사를 했다. 이때 누군가 다가와 투톨민의 어깨를 가볍게 쳤다.

"이게 누군가? 투톨민 부관 아닌가?"

돌아보는 투톨민의 뒤에는 도몬토비치가 서 있었다. 투톨민은 부동자세로 경례를 올렸다.

"넷, 도몬토비치 장군님! 폐하를 모시고 왔다가 돌아가는 길에 잠시 쉬러 왔습니다."

투톨민은 슈라 옆에 서서 의아한 얼굴로 도몬토비치를 보았다.

"장군님은 그루지야에 웬일이십니까?"

"난 가족들이랑 여행을 왔네. 근데 우리 딸은 어떻게 알았나?"

도몬토비치가 슈라를 가리키자 투톨민은 깜짝 놀라며 반색을 했다.

"앗, 이 아름다운 아가씨가 장군님의 따님이셨습니까?"

도몬토비치는 대답 대신 빙그레 웃었다. 이때 슈라가 가볍게 고개를 숙이고 자리를 떴다.

"실례하겠습니다."

슈라는 성곽과 연결된 야외 베란다로 향했다. 도몬토비치는 슈라의 뒷모습을 흐뭇한 미소를 지은 채 바라보았다.

"지금 우리 딸은 사립학교에 다니고 있는데 벌써 교사 자격 시험에 합격했다네."

"따님이 아름다우신데다 머리까지 좋으시군요."

투톨민의 칭찬에 도몬토비치는 흐뭇한 미소를 지었다. 도몬토비치는 투톨민을 테이블로 안내하며 대화를 나누었다.

베란다로 나간 슈라는 춤을 추며 뜨거워졌던 몸을 식혔다. 손을 흔들어 찬바람을 일으키는데, 이때 누군가 슈라 앞으로 부채를 내밀었다.

"이걸 쓰시지요."

슈라는 부채를 내민 사내를 바라봤다. 콧수염을 기른 멋지게 생긴 미남이었다. 우수에 젖은 눈동자의 그는 농민복이자 민속 의상인 회

색 루바슈카를 입고 있었다. 루바슈카는 러시아 남자가 착용하는 블라우스풍의 상의였다. 비록 농민복이었지만 깔끔하고 깨끗한 옷차림이었다. 슈라는 부채를 받아 들었다.

"고맙습니다."

슈라는 부채질을 하면서 의아하다는 듯 물었다.

"왜 여기 혼자 계시죠?"

"저는 사람들 많은 곳은 질색입니다. 이곳 분위기도 저하고 맞지 않고요."

블라디미르는 낮은 목소리로 말했다.

"파티엔 관심이 없고 귀족들은 따분하기만 하죠."

블라디미르의 말에 슈라는 공감한다는 듯 고개를 끄덕였다.

"저도 그래요."

"하지만 아까 보니 마주르카 춤을 잘 추시는 게 어울리시던데요. 오늘 무도회의 주인공 같았습니다."

"관심이 없다고 하시면서도 다 보셨군요."

"아가씨 같은 미인이 마주르카를 추는데 안 볼 수가 없지요. 사실 마주르카는 제 고향 춤입니다."

러시아 춤으로 알려진 마주르카는 원래 폴란드 지역에서 시작된 민속춤이었다.

"폴란드 분이세요?"

"부모님들께서 폴란드 출신입니다. 그루지야는 처음이지요."

"마찬가지예요. 저도 이곳 사람이 아니에요."

"그럼 어디서 오셨어요?"

"페테르부르크에서 왔어요."

"반갑습니다. 전 공병학교에 입대해서 곧 페테르부르크로 갑니다."

슈라는 시간 가는 줄 모르고 블라디미르와 대화를 나누었다. 블라디미르는 공대를 나온 엔지니어 출신으로 수학에 관심이 많다고 했다. 기계와 수학에는 약했던 슈라는 그에게 호기심이 생겼다. 또 그의 가족들이 폴란드에서 정치적인 문제로 추방되었다는 사실도 알게 되었다. 비밀경찰에게 감시를 받는 생활을 한 블라디미르에게 슈라는 동정심을 느꼈다.

"나중에 페테르부르크에 오시면 연락 주세요."

"저는 블라디미르 콜론타이라고 합니다. 만나서 반가웠습니다."

"아, 저는 알렉산드라 도몬토비치예요. 집에선 슈라라고 부르지요."

슈라는 스스럼없이 손을 내밀어 악수를 청했다. 블라디미르는 한쪽 무릎을 꿇고 슈라의 손등에 가볍게 입맞춤을 했다.

다시 페테르부르크에 돌아온 슈라의 일상은 여느 때처럼 돌아갔다. 슈라는 학교에서 공부를 하거나 집에서 책을 읽었고 그렇지 않은 날들은 극장에 가서 발레 구경을 했다. 오랜만에 친구 조야 샤두르스카야와도 만났다. 조야는 성년이 된 슈라가 집 밖을 마음대로 출입하게 되면서 사귄 첫 번째 단짝 친구였다. 그녀는 얼굴에 주근깨가 난 귀여운 인상의 귀족 출신으로 성격이 슈라 만큼이나 활발했다.

"슈라, 네가 없어서 얼마나 심심했는지 몰라. 그루지야 여행은 어땠어?"

"응, 좋았어. 거기다 좋은 사람까지 만났어."

"드디어 애인이라도 생긴 거야?"

"비밀이야."

"뭐야, 어서 털어놔 봐."

"나중에 잘되면 알려줄게."

슈라는 조야와 함께 무도회, 극장, 승마장을 돌아다니면서 시간을 보냈다. 당시 귀족 가문 따님들이 보내는 평범한 일상이었다. 그중에서도 슈라는 조야와 수다를 떨거나 함께 책을 읽는 것을 가장 좋아했다. 조야 역시 슈라가 읽는 책이라면 빼놓지 않고 읽으며 같이 토론하기를 즐겼다.

그로부터 한 달 뒤, 블라디미르는 군사-공병 아카데미에 입학하기 위해 페테르부르크로 왔다. 따로 방을 구할 여유가 없었던 그는 기숙사에 머물렀다. 숙소가 정해지자 블라디미르는 슈라에게 연락했다.

두 사람은 겨울궁전 앞 운하의 큰 다리 위에서 만나기로 했다. 코트 차림의 슈라는 찬바람을 맞으며 서 있었다. 블라디미르가 다가오자 슈라는 반가운 마음으로 맞이했다.

"군사학교에는 잘 입학하셨어요? 가족들은요?"

"어머니와 여동생도 페테르부르크로 함께 왔소."

매서운 바람이 불어와 슈라의 어깨가 절로 움츠러들었다. 운하 아래의 강에는 얼음이 둥둥 떠 흘러가고 있었다.

"슈라, 이런 곳에서 만나자고 해서 미안하오."

"무슨 뜻이지요?"

"솔직히 내가 여유가 없소."

그제야 슈라는 블라디미르가 무슨 말을 하려고 하는지 알았다. 가난한 블라디미르는 데이트를 할 돈이 없었다. 차가운 바람이 부는 다리 끝으로 슈라를 불러냈지만 갈 곳이 없어 미안했던 것이다. 슈라는 꾸밈없이 자신의 처지를 솔직히 말하는 블라디미르가 오히려 좋았다.

"여긴 추우니 우리 따뜻한 곳으로 가서 이야기를 나눠요."

슈라는 블라디미르와 함께 길가의 카페로 향했다. 그리고 블라디미르의 손을 잡을 때, 몰래 그의 손에 금전을 전했다. 블라디미르가 대신 커피 값을 낼 수 있게 배려한 것이다. 블라디미르는 손 안에 쥐어진 금전보다 그녀의 따뜻한 마음이 더욱 고맙게 느껴졌다.

카페 안에서 슈라는 황실 경찰의 박해 속에서 고향을 떠나야 했던 블라디미르의 가족들 이야기를 들었다. 폴란드에서 박해를 받아 러시아로 쫓겨 왔지만 블라디미르의 가문에도 귀족의 피가 흘렀다. 알고 보니 도몬토비치 집안과도 멀게는 친척이 되었다. 그런 연유로 그 루지야 성의 모임에 참석했던 것이었다.

블라디미르는 자신의 어머니와 여동생이 페테르부르크의 한 공장에 다닌다는 사실도 솔직히 말했다. 슈라는 걱정스런 얼굴로 물었다.

"공장 일이 힘들다고 하던데 괜찮으세요?"

"귀족 아가씨는 상상도 못 할 겁니다."

하지만 슈라는 자신도 다 알고 있다는 듯 당당하게 말했다.

"다들 힘들다지만 전 노동을 두려워하지 않아요. 공장 다니는 것도 창피하다고 생각하지 않고요."

슈라는 공장에 다니는 노동자들을 전혀 무시하지 않았다.

"귀족 가문의 아가씨에게서 이런 말을 들을 줄은 정말 몰랐소."

보통 여자들과는 다른 슈라의 당찬 말에 블라디미르는 놀라면서 고개를 끄덕였다. 혹시라도 공장에 다니는 자신의 어머니와 여동생을 무시하면 어쩌나 걱정을 했는데 모두 쓸데없는 걱정이었다.

블라디미르와 슈라는 시간 가는 줄 모르고 카페에서 대화를 나눴다. 어둠이 내리고 헤어질 시간이 되었다. 블라디미르는 헤어지는 순간 슈라에게 말했다.

"슈라, 난 당신에게 해줄 것이 없어 미안하오."

"아니에요, 블라디미르. 난 솔직하고 당당한 당신이 좋아요. 돈은 나중에 언제라도 벌면 돼요."

슈라의 대답에 블라디미르는 가슴이 메어지는 듯 감격했다.

"세상에 당신 같은 여자는 없을 거요."

감동한 블라디미르는 슈라의 눈동자를 들여다보며 슈라의 손을 맞잡았다.

"어떻게 당신을 사랑하지 않을 수 있겠소."

이후 두 사람은 누가 먼저라고 할 것도 없이 서로에게 호감을 갖고 잦은 만남을 이어갔다.

그러던 어느 날이었다. 슈라가 서재에서 책을 읽고 있는데 도몬토비치가 두 팔을 벌리며 활짝 웃는 얼굴로 들어왔다.

"슈라, 너에게 기쁜 소식이 있다."

아버지를 따라 어머니도 함께 서재로 들어왔다. 슈라는 웃는 얼굴로 부모님을 바라봤다.

"무슨 소식인데요?"

"전에 그루지야에서 만난 투톨민 부관을 기억하고 있느냐?"

"네. 황실 부관이라는 키 큰 군인 말이지요."

"그래, 맞다. 그 친구가 청혼을 해왔다. 너와 결혼을 하고 싶다는구나."

도몬토비치 부인은 두 손을 맞잡고 환하게 웃었다.

"세상에 이렇게 기쁜 일이 있겠니?"

도몬토비치 부인도 이미 투톨민을 알고 있었다. 투톨민의 집안 역시 페테르부르크에서 손꼽히는 귀족 가문이었다. 하지만 부인이 기뻐한 것도 잠시였다. 슈라는 냉정하게 고개를 가로저었다.

"싫어요."

"슈라, 그게 무슨 소리냐?"

도몬토비치는 얼어붙었고 도몬토비치 부인은 멍한 얼굴로 섰다.

"지금 투톨민 부관의 청혼을 거절하겠다는 거냐? 그 집안이 얼마나 대단한 집안인지 알기는 해?"

"전 그런 데 관심 없어요. 제 짝은 제가 찾을 거예요. 전 다른 귀족들처럼 집안끼리 정략결혼은 안 하겠어요."

도몬토비치는 답답하다는 듯 파이프 담배를 찾았다.

"슈라, 단순히 집안만 보고 결혼하라는 게 아니다. 투톨민은 총명하고 미래가 밝은 젊은이다."

하지만 슈라의 마음은 이미 정해져 있었다.

"저는 그의 빛나는 미래 따위는 관심 없어요. 전 제가 사랑하는 사람과 결혼할 거예요."

"그러면 이제라도 투톨민과 사귀고 결혼을 하거라."

"전 제가 좋아하고 말이 통하는 친구 같은 사람과 결혼할 거예요."

"친구 같은 남자라고?"

도몬토비치의 물음에 슈라는 어린 시절 자신의 집에서 청소를 하던 파벨을 떠올렸다. 그리운 얼굴이었다. 슈라는 대화가 통하고 함께 감정을 나눌 수 있는 친구 같은 남편을 원했다.

"슈라, 나중에 후회하지 말고 다시 한 번 생각해 봐라."

"두 번이 아니라 열 번 생각할 필요도 없어요."

도몬토비치 부인이 한숨을 내쉬며 한탄했다.

"넌 누굴 닮아서 이리 고집이 센지 모르겠구나."

"투톨민 같은 남편감은 다시 찾기 힘들 거다."

도몬토비치 부부는 서재에서 슈라를 계속 설득했다. 그들은 단번에 청혼을 거절하는 슈라를 도저히 이해할 수 없었다. 고민에 빠져 있던 도몬토비치가 혹시나 싶어 물었다.

"너 혹시 사귀고 있는 사람이라도 있는 거냐?"

아버지의 질문에 슈라의 머리 위로 블라디미르가 떠올랐다. 슈라는 블라디미르를 계속해서 만나고 있었지만 심각하게 결혼을 생각해본 적은 없었다. 하지만 투톨민의 청혼을 받자 마음이 바빠졌다.

슈라는 조용히 고개를 끄덕여 대답을 대신했다. 도몬토비치는 크게 한숨을 쉬며 실망한 얼굴이 되었다.

"그러면 그 사람을 집에 데려와 보거라."

아버지의 말이 끝나기 무섭게 슈라는 그제야 웃는 얼굴로 대답했다.

"네, 아버지 맘에도 드실 거예요."

이틀 후, 블라디미르 콜론타이가 도몬토비치 저택을 방문했다. 블라디미르는 공병학교 군복 대신 양복을 차려입은 말끔한 모습이었다. 도몬토비치는 블라디미르를 서재로 안내했다. 슈라가 함께 서재로 들어서려고 하자 아버지가 손바닥을 내밀었다.

"너는 잠깐 나가 있어라."

단둘이 남게 되자 도몬토비치는 블라디미르에게 담배를 권했다. 하지만 블라디미르는 손을 내저으며 사양했다.

"전 담배를 피우지 못합니다."

도몬토비치는 혼자 담배를 피워 물면서 블라디미르에게 물었다.

"자네 취미는 무언가?"

"어려운 수학 문제를 풀거나 계산을 하는 겁니다."

도몬토비치는 속으로 걱정했다. 슈라는 수학보다는 언어에 관심이 많았고 독서를 좋아했고 이야기 나누기를 좋아했다. 도몬토비치는 슈라가 자신과 비슷한 성격의 남자를 만나기를 원했다.

도몬토비치는 서재의 책들을 구경하는 블라디미르에게 또 물었다.

"자넨 요새 무슨 책을 읽고 있나?"

"요샌 공병학교 교과서만 보고 있습니다."

블라디미르의 대답에 도몬토비치는 한심하다는 듯 바라봤다. 잠시 조용히 있던 도몬토비치가 블라디미르에게 다시 물었다.

"자네는 나에게 궁금한 게 없는가?"

갑작스런 질문에 블라디미르는 당황한 얼굴이었다. 블라디미르는

어색한 듯 머리를 긁적이며 대답했다.

"죄송합니다. 없습니다."

"자네 부모님은 어디서 뭘하시며 계신가?"

계속되는 도몬토비치의 질문에 블라디미르는 침착하고 친절한 평소의 그답지 않게 쩔쩔매며 우물쭈물거렸다. 무슨 대답을 하더라도 도몬토비치는 마음에 들지 않는다는 얼굴이었다.

한참동안 서재 안에서는 어색한 질문과 대답이 오고갔다. 도몬토비치와의 면담이 끝난 후, 블라디미르는 큰 한숨을 쉬고는 돌아갔다. 그가 돌아가자 도몬도비치는 슈라를 조용히 불렀다.

"왜요? 아버지."

도몬토비치 부인이 안쓰러운 얼굴로 대신 대답했다.

"그 사람 집안 형편이 어렵더구나. 가난한 집에 시집가면 네가 힘들 수 있어."

도몬토비치 부인은 가난한 청년인 블라디미르와 결혼하는 것을 반대했다. 이에 슈라는 발끈했다.

"지금 가난하다고 평생 가난하게 사는 건 아니잖아요. 블라디미르는 성실한 사람이에요."

이번에는 도몬토비치가 냉정한 목소리로 입을 열었다.

"블라디미르가 공병학교를 졸업하면 졸병부터 시작해야 한다. 미래도 밝지 않아."

"제가 도우면 분명 성공할 거예요. 벌써 미래 걱정은 하지 마세요."

연인을 선택하고 결혼에 성공하다

"그것뿐만 아니다. 내가 보건대 그 사람과 너는 맞지 않아."
"맞지 않는지는 제가 더 잘 알아요. 아버지랑 살 게 아니라 저랑 살 거잖아요."
도몬토비치는 지지 않고 계속 반박하는 슈라에게 지친 기색이 역력한 얼굴로 얘기했다.
"우린 네가 블라디미르와 더 이상 만나지 않았으면 한다."
아버지의 냉혹한 말에 슈라는 고개를 가로저었다.
'이분들이 정녕 내가 원하는 건 뭐든 다 해주시던 부모님들이 맞나?'
난생처음 도몬토비치 부부는 슈라가 원하는 일에 반대를 했다. 슈라는 그 사실을 믿을 수가 없었다.
"아버지, 제발 블라디미르와의 교제를 허락해주세요."
"안 된다고 하지 않았느냐."
도몬토비치가 이렇게 단호하게 말했던 적은 처음이었다. 슈라 역시 처음으로 아버지에게 목소리를 높이며 고집을 부렸다.
"아버지가 싫다고 하셔도 저는 블라디미르를 계속 만날 거예요."
슈라는 샐쭉한 얼굴로 서재를 나서면서 퉁명스럽게 말했다.
그러자 화가 머리 끝까지 난 도몬토비치가 손가락으로 밖을 가리키며 큰소리로 외쳤다.
"그렇다면 이 집에서 나가거라!"
슈라는 깜짝 놀라며 돌아보았다.
"아버지!"

"여보!"

도몬토비치는 작정을 했다는 듯 강하게 나왔다.

"짐을 챙겨서 조만간 파리로 떠날 준비를 하거라."

도몬토비치는 슈라와 블라디미르를 떼어놓을 생각이었다.

파리로 가기 전, 집에 갇혀 있던 슈라에게 친구 조야가 놀러왔다. 슈라는 집안에서 벌어진 상황을 조야를 통해 블라디미르에게 전했다. 슈라는 블라디미르에게 그래도 자신의 마음은 변하지 않을 거라는 편지를 남겼다. 편지는 조야가 전해줬다. 슈라는 아버지가 파리에 마련해 준 거처를 찾아 페테르부르크를 강제로 떠나야 했다.

파리에 간 슈라는 며칠 간 파리 시내 구경에 정신이 없었다. 몇 해 전에 세워진 파리의 에펠탑은 신기하기만 했다. 슈라는 개선문과 노트르담도 둘러보았다. 난생처음 파리에서 증기기관차도 타 봤다. 블라디미르와 헤어져 어쩔 수 없이 머무는 파리였지만 슈라에게는 새로운 활력소가 되었다.

슈라는 파리의 미술학교에 등록해 회화 공부를 하면서 나머지 시간들은 극장과 도서관에 다니며 보냈다. 도몬토비치가 딸려 보낸 집사와 가정부가 보살펴줘서 생활하는 데 어려움은 없었다.

블라디미르가 보고 싶을 때마다 슈라는 편지를 썼다.

'서로 몸은 떨어져 있지만 우리의 사랑은 변하지 않을 거예요.'

슈라는 당장이라도 증기기관차를 타고 그를 만나러 가고 싶다는 구절로 편지를 마무리했다.

파리에 있는 슈라를 만나기 위해 조야가 찾아왔다. 조야는 블라디미르의 소식과 편지를 가져왔고, 또 러시아로 돌아간 후에는 슈라의 근황을 블라디미르에게 알렸다. 슈라와 블라디미르는 편지를 통해 사랑을 이어 갔다. 그러면서 일년의 세월이 훌쩍 흘렀다.

도몬토비치는 두 사람이 떨어져 있으면 서로의 애정이 식을 거라고 생각했다. 눈에서 멀어지면 마음도 멀어진다는 말을 믿었던 것이다. 하지만 이런 바람에도 불구하고 상황은 오히려 거꾸로 흘러갔다. 보지 못하면 못할수록 슈라와 블라디미르의 사랑은 더욱 불타올랐다.

그새 블라디미르는 휴가를 얻어 파리로 가 슈라와 만났다. 슈라는 이제 블라디미르가 없는 세상은 상상할 수가 없었다. 슈라 역시 페테르부르크에 가게 되면 반드시 시간을 내어 블라디미르를 몰래 만났다. 두 사람은 이제 결혼을 약속한 사이로 발전하고 있었다.

어느새 슈라가 파리로 간 지 2년이 되었다. 그 해부터 슈라는 집에서 불러도 돌아가지 않았다. 어쩔 수 없이 도몬토비치는 파리로 가서 슈라를 만나야 했다. 하지만 오랜만에 아버지를 만난 슈라는 골이 난 사람처럼 좀처럼 입을 열지 않고 쌀쌀맞게 대했다. 내내 입을 닫고 있던 슈라는 마침내 도몬토비치에게 폭탄선언까지 했다.

"이제 집에 돌아가지 않고 파리에서 혼자 살겠어요."

슈라는 이후에 정말로 페테르부르크에 가지 않았다. 슈라가 집에 오지 않고 소식이 뜸해지자 도몬토비치 부부는 초조해지기 시작했다.

어느 날, 페테르부르크에서 만찬 만남을 마친 도몬토비치 부부가 마차를 타고 집으로 돌아갈 때였다. 마차 안에서 도몬토비치 부부는 파리에 있는 딸 걱정을 하고 있었다. 큰딸들은 모두 큰 걱정 없이 지내고 있었지만 문제는 막내 슈라였다. 슈라 때문에 도몬토비치 부부는 활기를 잃고 하루하루를 보냈다.

"슈라가 없으니 집이 빈 거 같아요. 언제쯤 돌아올까요?"

부인의 푸념에 도몬토비치는 화가 난 듯 입을 꽉 다물었다. 부인은 도몬토비치의 눈치를 살폈다.

"어차피 슈라는 뭐든 자기 고집대로 하며 살 애예요."

"맞소. 어렸을 때부터 슈라는 그랬지. 자기가 원하는 건 꼭 가져야 했고, 바라는 건 다 이루었지."

"그럼 그냥 슈라가 원하는 대로 해주는 건 어떨까요?"

도몬토비치는 대답 대신 눈을 감고 생각에 잠겼다. 이때 창밖을 내다보던 도몬토비치 부인의 두 눈이 휘둥그레졌다.

"아니, 저건 우리 슈라가 아니에요?"

파리에 있어야 할 슈라가 길 맞은편에서 걸어오고 있었다.

"무슨 소리요? 슈라는 지금 프랑스에 있소."

"당신 눈으로 직접 보세요."

도몬토비치는 상체를 마차 밖으로 내밀고 밖을 바라보았다. 가방을 든 슈라가 걸어가고 있었다. 도몬토비치는 어안이 벙벙했다.

"아니, 정말 슈라잖아."

도몬토비치는 마차 벽을 손바닥으로 세게 두들겼다.

"잠깐 마차를 세우게!"

도몬토비치의 손짓에 따라 마차는 슈라 앞에서 멈춰 섰다. 부인은 도몬토비치보다 먼저 마차에서 내려 슈라의 두 손을 꽉 잡았다. 당황한 슈라는 얼굴을 붉히며 고개를 숙였다.

"슈라, 여긴 웬일이냐?"

슈라는 블라디미르를 만나러 부모님에게 말도 안 하고 몰래 페테르부르크로 온 것이었다. 도몬토비치 부부는 대번에 그런 사정을 눈치 챘다. 어머니는 슈라의 한 손을 잡아끌며 마차로 몸을 돌렸다.

"어서 마차에 타거라."

하지만 슈라는 마차에 타지 않겠다고 고집을 부렸다.

"저는 집에 가지 않겠어요."

"무슨 소리야? 여기까지 와서 집에 가지 않겠다니?"

의자에 등을 붙이고 앉은 도몬토비치가 큰 목소리로 말했다.

"집에 가지는 않더라도 우선 마차에 타라. 할 말이 있다."

아버지의 부름에 슈라는 할 수 없다는 듯 마차에 올랐다. 슈라는 도몬토비치 부부와 마주 보고 앉았다. 멈춰 있던 마차가 달리기 시작했다. 잠시 눈을 감고 있던 도몬토비치가 말했다.

"블라디미르와의 교제를 반대했던 건 그가 가난해서만은 아니다."

슈라는 잠자코 아버지가 하는 말을 들었다.

"누구보다도 난 널 잘 안다. 너하고 블라디미르는 맞지 않아."

도몬토비치는 블라디미르가 독서나 진지한 대화에 관심이 없고 슈라를 제대로 받아줄 친밀감이 없다는 점에서 결혼에 반대했던 것이라고 설명했다.

"그런 건 상관없어요."

"우리가 결혼을 반대했던 건 슈라 너의 행복을 위해서였단다."

도몬토비치 부인이 끼어들었다.

"저는 더 이상 행복하지 않아요."

딸의 말에 도몬토비치가 큰 결심을 한 듯 낮은 목소리로 선언했다

"그래, 좋다. 그럼 네가 원하는 대로 해라."

순간 슈라는 자신의 귀를 의심했다.

"정말요? 블라디미르와의 결혼을 허락하시는 거예요?"

"오냐, 대신 나중에 후회하지 말고 반드시 행복하게 살아야 한다."

슈라의 얼굴이 환하게 밝아졌다.

"어서, 마차를 세워 주세요."

슈라는 마차에서 급히 뛰어내렸다. 도믄토비치 부인은 걱정스런 얼굴로 물었다.

"집에 안 가고 어디를 가려고?"

"어서 빨리 이 기쁜 소식을 블라디미르에게 알려줘야죠."

결국 도몬토비치는 2년 만에 딸의 사랑을 받아들였다. 슈라를 만난 블라디미르는 이 소식을 듣고 뛸 듯이 기뻐했다. 두 사람의 결혼은 일사천리로 진행되었다.

1893년, 스물한 살의 슈라는 블라디미르와 결혼했다.

결혼식은 러시아 정교회 성당에서 치러졌다. 수많은 사람들의 축복을 받는 성대한 결혼식이었다.

하얀 드레스를 입고 베일로 이마를 가린 슈라와 양복을 입고 넥타이를 맨 블라디미르는 촛불을 들고 앞장 선 신부님을 따라갔다. 성당 안에는 두 사람의 앞날을 축복하는 성가가 울려 퍼졌다.

슈라와 블라디미르는 신부님이 끼워주는 똑같이 생긴 금반지를 하나씩 나눠가졌다. 이로써 두 사람의 결혼이 이루어졌다. 부모님이 그토록 반대하던 결혼이 이루어지자 슈라는 더욱 기뻤다. 붉게 상기된 슈라의 뺨에 블라디미르가 가볍게 입을 맞추었다.

결혼식을 지켜보던 도몬토비치 부인의 눈시울이 뜨거워졌고 도몬토비치도 이 날만큼은 진심으로 두 사람의 행복을 기원했다.

어린 시절 슈라라 불렸던 알렉산드라 도몬토비치와 블라디미르 콜론타이는 이렇게 부부가 되었다. 슈라는 이제 남편의 성 콜론타이를 따라서 알렉산드라 콜론타이라는 이름을 갖게 되었다.

결혼 이후 알렉산드라는 곧 임신했고 다음 해 아들 미샤를 낳았다. 알렉산드라와 블라디미르의 행복한 날들이 이어졌다. 알렉산드라 콜론타이는 행복했지만 너무 행복해서 문제가 생겼다.

4장
나르바에서의 충격

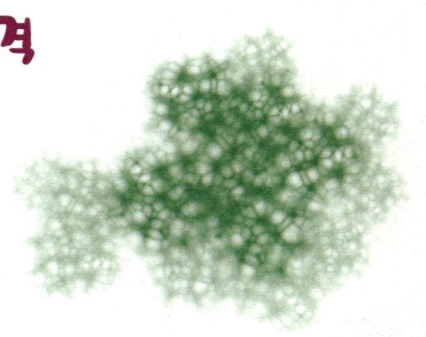

아들 미샤를 품에 안고 젖을 먹이는 알렉산드라 콜론타이는 누가 봐도 행복해 보였다. 하지만 그건 겉으로 보이는 행복일 뿐이었다. 아이가 태어난 후 알렉산드라는 누구보다 바빴다. 남편 블라디미르는 그런 알렉산드라를 도와주기보다는 자신의 일에 빠져 있었다. 신혼 초 다정했던 남편의 말수도 많이 줄었다. 어느 날, 알렉산드라는 아들 미샤를 재우고 블라디미르에게 말을 걸었다.

"오랜만에 우리 세상 돌아가는 얘기나 해요."

블라디미르는 입가에 손가락을 대며 조용히 하라는 시늉을 했다.

"쉿, 떠들면 아기가 깨잖소."

블라디미르는 등을 보이고 돌아누우며 잠을 청했다. 코를 골면서 자는 블라디미르를 바라보며 알렉산드라는 답답함을 느꼈다. 알렉산드라는 사회 활동과 토론에 열정을 지녔지만 엔지니어 출신의 남편은 전혀 그런 방면에 관심이 없었다.

알렉산드라가 사회 문제에 관심을 갖고 대화를 나누려고 하면 남편은 그 시간에 수학 문제 풀기를 원했다. 블라디미르는 토론을 좋아하는 알렉산드라의 진지한 물음을 웃음으로 넘겨버리기 일쑤였다. 그러니 갈수록 부부 간의 대화는 당연히 줄어들었다.

말이 줄어든 부부의 친밀감도 떨어졌다. 알렉산드라에게 그런 대화를 나눌 상대라고는 친구 조야밖에 없었다.

알렉산드라는 조야를 만날 때마다 당시 유행이었던 마르크스주의 사상에 대해 이야기를 나누었다. 남편인 블라디미르는 마르크스에 대해 전혀 관심이 없었다. 하지만 알렉산드라와 조야는 마르크스의 책들을 즐겨 읽었다.

어느 날, 친구 조야가 알렉산드라를 찾아왔다. 알렉산드라는 조야에게 자신의 솔직한 감정을 털어놨다.

"남편을 사랑하고 주부와 아내로서 행복하지만 꼭 새장 속의 새처럼 느껴져."

아직 결혼을 하지 않은 조야는 친구의 불평이 의아했다. 조야는 알렉산드라에게 문제가 무언지 물었다.

"결혼 생활에 지쳐서 내 꿈이 무엇이었는지 기억도 안 날 정도야."

"슈라의 꿈은 소설가였지?"

알렉산드라는 고개를 끄덕였다. 조야는 알렉산드라의 어렸을 때 꿈을 소설가로 알고 있었다. 알렉산드라는 어린 시절을 떠올리며 자신의 꿈을 되새겨 보았다.

'난 소설가가 되고 싶었고 외교관이 되고 싶었지. 그리고 혁명가도 되고 싶었는데…….'

아이를 키우고 남편을 보살피는 데 지쳐 있던 알렉산드라는 자신의 꿈과 미래가 점점 사라지는 것 같아 불안했다. 조야가 곰곰이 생각하다가 제안했다.

"이제라도 네 꿈을 찾아서 소설을 써보는 게 어때?"

"아이는 어쩌고?"

"당분간 가정 일은 유모에게 맡기고 틈틈이 글을 써봐."

조야의 말을 들은 알렉산드라의 얼굴색이 밝아졌다.

"그래. 더 늦기 전에 내 꿈을 이뤄야겠어."

다음 날부터 알렉산드라는 조야의 조언에 따라 소설을 쓰기 시작했다.

"아, 뭘 써야 할지부터 정해야겠다."

처음 소설을 써보는 알렉산드라는 사랑 없는 결혼생활을 하는 여성을 주인공으로 정했다. 그리고 소설 속 주인공이 마치 자기 자신이라도 되는 듯 소설에 열중했다. 어린 아들 미샤를 유모에게 맡기고 방에 틀어박혀 글만 썼지만 글쓰기는 좀처럼 쉽지 않았다.

"엄마~!"

미샤가 넘어져서 울면서 엄마를 찾았다. 유모

가 아무리 달래도 미샤는 울음을 그치지 않았다. 하지만 일을 멈추고 알렉산드라가 달려와 안아주면 미샤는 거짓말처럼 눈물을 뚝 그쳤다. 이후 미샤는 유모가 돌봐줘도 엄마가 안 보이면 울기 시작했다. 결국 알렉산드라는 미샤를 돌보면서 틈틈이 글을 써야 했다. 어려운 일이었지만 알렉산드라는 포기하지 않았다.

"와아, 드디어 완성했어!"

알렉산드라가 쓴 단편 소설은 사랑 없는 결혼 생활을 하던 여인이 연하의 남자와 사랑에 빠진다는 내용이었다. 주인공 여인이 결국 남편을 버리고 애인을 선택하면서 소설은 끝났다. 알렉산드라는 원고를 수정한 뒤 소설을 잡지사에 보냈다. 하지만 잡지사에서는 소설의 완성도가 떨어진다는 이유로 연재를 거절했다. 알렉산드라는 낙심했지만 후회하지 않았다.

'그래 이제 겨우 첫 소설을 썼을 뿐이야. 다음에 잘 쓰면 돼.'

알렉산드라는 다시 한 번 마음을 다잡고 다음 작품을 구상하려고 했다. 이때 블라디미르가 알렉산드라에게 농담을 했다.

"다음에 소설을 쓸 때는 주인공을 젊고 예쁜 아가씨로 바꿔보는 게 어떻소."

"그게 무슨 소리예요?"

"전에 쓴 소설 주인공은 결혼하고 나이 든 중년 여자잖소."

"그게 어때서요?"

"출판사 편집자는 아줌마보다는 젊고 예쁜 여주인공을 좋아할 거요. 그래서 전에 당신 소설을 마음에 들어 하지 않은 거지."

"지금, 예쁜 여자들이나 밝히는 남성 독자들을 위해서 글을 쓰라는 말이에요?"

"그런 뜻은 아닌데……."

"아니긴 뭐가 아니에요!"

알렉산드라는 버럭 화를 냈다. 알렉산드라가 화를 내자 블라디미르는 쩔쩔매며 변명을 했다.

"당신이 그렇게 화를 낼 줄 몰랐어. 난 그저 농담을 한 거요."

남편의 농담에 화가 난 알렉산드라는 이후 글을 쓰고 싶은 마음이 사라졌다. 잡지사의 거절과 남편의 조롱에 화가 난 그녀는 다음 작품을 쓰려는 계획을 취소했다.

"다시는 소설을 쓰지 않겠어."

알렉산드라는 단단히 화가 났다. 시간이 갈수록 남편과의 대화는 줄어들었다. 자신을 이해해주지 못하는 남편이 원망스러웠다. 알렉산드라는 자신의 결혼이 잘못된 것이 아닌가 하는 의심에 빠졌다. 아내가 울적해 하자 알렉산드라는 여행을 다녀오자고 제의했다.

"요새 당신이 우울해 하는 것 같은데 함께 나르바에 여행을 다녀옵시다."

"저는 그냥 조야랑 어울리는 걸로 충분해요."

"그렇다면 당신 친구인 조야도 데리고 함께 여행을 갑시다."

단짝 친구 조야와 함께 가족여행을 떠나자는 블라디미르의 제안에 알렉산드라의 마음은 조금 수그러들었다.

　1896년 알렉산드라는 남편과 그의 동료, 그리고 친구인 조야와 함께 나르바를 여행했다. 나르바는 옷감을 만드는 면직 공업의 중심지여서 기술학교와 많은 공장들이 있었다. 또한 오래된 역사박물관이 있었다.
　나르바를 여행하던 알렉산드라 일행은 기차 안에서 크론호름에서 일하는 기술자들을 우연히 만났다. 기술자 중에는 함께 여행을 떠난 블라디미르의 동료와 아는 사람이 있었다.
　"크론호름에서는 무슨 일을 하시죠?"
　"직물 공장의 통풍 시설을 고칩니다."
　통풍 시설은 바람이나 공기가 잘 통하도록 만든 장치다. 옷감을 만드는 직물 공장은 어둡고 먼지가 많이 쌓여서 통풍 시설이 반드시 필요했다.
　"시간이 되시면 우리 공장을 구경하시죠. 정말 엄청난 곳입니다."
　엄청나다는 말에 호기심이 생긴 알렉산드라 일행은 크론호름을 방문하기로 했다.
　기술자의 말 그대로 직접 가본 크론호름의 공장은 어마어마했다. 거대한 성당처럼 높은 지붕을 한 엄청난 규모의 공장에 알렉산드라 일행은 입을 다물지 못했다. 크론호름에서 일하는 노동자만도 만 이천 명에 달했다.

공장 안은 일하는 사람들로 분주했고 거대한 방적 기계가 쉴 새 없이 돌아가고 있었다. 알렉산드라는 분주하게 일하는 노동자들 중 많은 이들이 여성과 어린 아이라는 사실에 깜짝 놀랐다.

거대한 기계음과 앞을 보지 못할 정도의 뿌연 먼지에 어린 미샤는 울음을 터뜨렸다. 일행은 서둘러 기계가 돌아가는 공장을 빠져나왔다. 조용한 곳을 찾던 일행은 공장 안에 있던 노동자 숙소로 들어갔다.

노동자 숙소 안에는 간이 침대가 빽빽하게 들어차 있었는데 그 사이로 아이들이 놀고 있었다. 노동자 숙소는 공장에서 일하는 노동자 가족들이 임시로 머무는 곳이었다. 알렉산드라는 손으로 입을 가리며 생각했다.

'공장보다는 낫지만 이곳 역시 지저분한 공기에 견딜 수가 없네. 빨리 나가야겠어.'

출구를 찾던 알렉산드라의 눈에 침대 한쪽에 우두커니 앉아 있는 보모가 보였다. 그런데 정신이 나간 듯 멍한 얼굴이었다. 보모가 돌보는 아이는 침대 위에서 눈을 감고 조용히 누워 있었다. 미샤 또래의 작은 아이였다.

'우리 미샤처럼 귀여운 아이네. 먹을 거라도 주고 가야겠어.'

알렉산드라는 아들 또래의 조그마한 아이에게 관심이 갔다. 아이에게 가까이 다가가던 알렉산드라의 발걸음이 갑자기 멈췄다. 알렉산드라는 황급히 누워 있던 아이의 목에 손을 대봤다. 아이는 숨을 쉬고 있지 않았다. 알렉산드라는 자신의 얼굴을 두 손으로 감싸 쥐었

다. 하마터면 소리를 지를 뻔했다.

'아이가 죽었어.'

아이는 조용히 누운 채로 죽어 있었다. 그러나 아무도 관심을 두지 않았다. 알렉산드라가 침대 곁에 앉아 있는 늙은 보모를 바라봤다.

"이봐요. 아이가 죽었어요. 정신 차리세요."

늙은 여자는 멍한 얼굴로 알렉산드라를 올려다봤다. 그리고는 무심하게 침대로 고개를 돌렸다. 죽은 아이를 바라보며 보모는 아무 일도 아니라는 듯 대꾸했다.

"그렇군요."

"그렇다니요? 아이가 죽었는데 아무렇지도 않다는 거예요?"

"여기에선 흔히 일어나는 일이에요."

늙은 보모의 대답에 알렉산드라는 망치에 맞아 강한 충격을 받은 듯 멍해졌다.

죽은 아이를 내려다보던 그때, 알렉산드라는 자신의 운명이 결정된 듯한 전율을 느꼈다. 알렉산드라는 주변을 둘러보았다. 빽빽이 가득 찬 침대 위에서 어떤 아이는 자지러지게 울었고 어떤 아기는 더러운 침대 바닥을 기어 다녔다. 열에 들떠 앓고 있는 아이도 보였다. 지독한 냄새가 코를 찔렀다.

아이들은 어머니가 일하러 나가면 더럽고 악취가 풍기는 침실에 남겨졌다. 서너 명의 보모로는 감당할 수 없을 만큼 많은 아이들이었다. 별다른 보살핌을 받지 못한 아이들은 방치되고 죽어갔다.

알렉산드라는 입술을 깨물며 고개를 저었다.

'아이들이 더 이상 여기서 죽게 해서는 안 돼!'

알렉산드라 곁에 다가온 블라디미르는 고개를 가로저었다. 조야 역시 당황한 표정이 역력했다. 그리고 잠시 후에 누군가가 죽은 아이를 치웠다. 물건을 가져가듯 보자기에 죽은 아이를 감싸고 짐짝처럼 내갔다. 아이들의 죽음을 바라보는 사람들의 무관심에 알렉산드라는 또 한 번 놀랐다. 알렉산드라는 블라디미르에게 물었다.

"여보, 여기 있는 아이들이 위험해요. 살릴 방법이 없을까요?"

"기술자들이 통풍 시설을 고친다니 나아지겠지."

블라디미르는 어깨를 한 번 으쓱거릴 뿐이었다.

알렉산드라는 답답하다는 듯 고개를 가로저었다.

"환풍기를 단다고 이 문제가 해결되지는 않을 거예요. 여성 노동자들은 아이들을 돌볼 시간이 없고 다들 가난해서 아무런 관심이 없는데 뭐가 나아지겠어요."

"당신 말이 옳지만 해결할 방법이 없지 않소."

"아니에요. 방법은 있어요."

그녀는 기술자들이 통풍 시설을 개선한다고 해도 노동자와 아이들의 삶은 크게 달라지지 않는다고 보았다.

"이런 공장이 생길 수 없게 경제를 바꿔야 해요."

알렉산드라는 공장의 잘못된 점을 고치기 위해서는 경제를 바꾸어야 한다고 생각했다. 열악한 환경을 바꾸기 위해서는 새로운 경제 체제가 필요하다. 알렉산드라에 대답에 블라디미르는 황당해 했다.

"경제를 바꾸다니? 어떻게?"

"그러기 위해 경제를 공부해야죠."

"누가 경제를 공부를 해서 이걸 바꿀 수 있단 말이요?"

"바로 저요. 제가 경제를 공부할 거예요."

알렉산드라 콜론타이는 이날의 광경과 악취로부터 그 옛날 자신이 꿈꿨던 혁명가로서의 꿈을 다시 한 번 되살려냈다.

여행 내내 수많은 고민 끝에 알렉산드라는 유학을 결정했다. 하지만 남편과 아들이 마음에 걸렸다. 그럼에도 불구하고 알렉산드라는 자신의 뜻을 굽힐 수 없었다.

'러시아의 여성과 아이들이 짐승처럼 살고 있는데 나만 잘 먹고 잘 사는 이런 생활을 더 이상 계속할 수는 없어.'

여행에서 돌아온 알렉산드라는 자신의 유학 계획을 남편에게 알렸다.

"스위스 취리히 대학에 가서 경제 공부를 하고 싶어요."

"미샤는 어쩔 생각이오?"

남편은 강하게 반대했다.

"미샤는 일단 어머니에게 맡길 거예요. 그리고 좀 더 크면 제가 키우겠어요."

알렉산드라는 어린 아들이 부유한 할머니, 할아버지와 행복하게 지낼 것이라고 믿었다. 그런 확신이 없었다면 결코 취리히에 가겠다고 결심할 수 없었을 것이다.

블라디미르는 난감한 얼굴을 한 채 두 손으로 머리를 움켜쥐었다.

"우린 부부인데 어떻게 떨어져 지내자는 말이오?"

"우리는 한때 서로 사랑했고 행복했어요. 하지만 이제 함께할 수 없어요."

블라디미르는 이해할 수 없다는 얼굴로 고개를 가로저었다.

"그럼, 이건 이혼이나 다를 바 없지 않소?"

"나는 친구 같은 사랑을 원해요. 처음엔 당신도 그랬는데……."

알렉산드라의 말에 블라디미르는 괴로워했다. 결국 알렉산드라의 말은 이혼을 하자는 것이었다. 블라디미르는 이혼만큼은 도저히 받아들일 수 없었다. 하지만 그는 자신이  원하는 바는 꼭 해내고야 마는 알렉산드라의 고집을 알고 있었다.

블라디미르의 얼굴에 수심이 가득했다. 며칠 동안 고민을 계속하던 블라디미르는 마침내 알렉산드라의 뜻을 받아들였다.

"좋소. 당신이 원한다면 이혼을 하겠소."

알렉산드라는 자신의 뜻에 동의해준 남편이 고마웠다. 블라디미르는 아쉬운 얼굴로 말했다.

"하지만 언제라도 당신이 돌아오길 기다리겠소."

도몬토비치 부부 역시 이 소식을 들었다.

"이혼을 하고 공부를 하겠다고?"

도몬토비치 부부는 딸의 이혼 소식에 충격을 받았다. 도몬토비치는 딸의 유학 계획이 불만스러웠지만 결국 받아들였다.

"거 봐라. 내가 처음부터 뭐라고 했니. 하여간 너는 네 마음대로 사는구나."

"미샤는 우리가 맡아서 잘 키워주마."

스위스 취리히로 가는 기차를 타기 위해 알렉산드라가 페테르부르크 역에 나왔을 때였다. 배웅 나온 아버지는 이렇게 말했다.

"학비 걱정은 말고 네가 꿈꾸는 걸 꼭 이루고 성공하길 바란다."

기차가 떠나기 전 알렉산드라는 마음이 아파오기 시작했다. 차창 밖으로 다섯 살 난 아들의 조그맣고 따뜻한 손이 어른거렸다. 당장이라도 열차에서 내려 아들의 손을 붙잡고 싶었다. 알렉산드라의 눈시울이 뜨거워졌다.

'미샤가 과연 어른이 되어서 나를 이해해줄 수 있을까?'

기차가 출발하고 나서도 안타까운 감정은 계속되었다. 마음은 더욱 우울해졌다.

'미샤, 너만 바라보지 못한 엄마를 용서해다오. 대신 엄마는 미샤보다 더 불행한 수많은 아이들을 위해 열심히 살아갈게.'

굳은 다짐을 하며 마음을 다잡으려 했지만 이번에는 블라디미르의 얼굴이 떠올랐다. 남편은 여전히 아내와 아들을 사랑하고 있었다. 그래서 마지막 순간까지 언제든 돌아오라는 말을 남겼다.

알렉산드라는 자신을 떠나보낸 남편과 아들을 생각하면서 매 역마다 열차를 갈아타고 집으로 돌아가고 싶은 충동을 느꼈다. 하지만 그때마다 눈을 질끈 감고 참아냈다. 열차가 스위스 취리히에 도착했을 때 알렉산드라는 더 이상 흔들리지 않았다. 열차에서 내리며 알렉산드라는 새로운 다짐을 했다.

"다시는 결혼 따위는 하지 않을 거야."

1899년 스위스 취리히 대학에 간 알렉산드라는 국민경제학을 공부했다. 당시에는 마르크스주의 경제학이 큰 인기를 끌고 있었다. 취리히에서 알렉산드라는 마르크스가 쓴 책은 모두 읽었다. 당시 러시아에서는 금지되어 읽을 수 없는 책들이었다.

마르크스는 자본론을 통해 자본가들이 노동자의 노동력과 시간을 자본으로 구입하여 막대한 이익을 남기고 있다고 주장했다. 알렉산드라는 대학에서 마르크스주의 경제학을 공부하면서 서서히 사회주의 사상에 빠져들었다.

5장
혁명의 열기 속으로

　1905년 1월 러시아 페테르부르크의 공장 노동자들이 파업에 참여했다. 사흘 전 푸틸로프 공장에서 해고당한 노동자들을 위한 항의 시위였다. 공장에서 해고된 노동자들의 복직이 거절당하자 노동자들은 황제 니콜라스 2세에게 청원했다. 처음에는 수백 명의 노동자들이 참석한 평화로운 시위였다.

　"해고된 노동자들을 공장으로 돌려보내라!"

　알렉산드라는 노동자들의 정당한 요구를 지지했다. 노동자들은 맨손으로 평화시위를 벌였다. 하지만 황실 수비대는 노동자들을 향해 총을 겨누었다.

　"모두 해산하지 않으면 총을 쏘겠다!"

　"일자리를 잃은 노동자들을 구해주지 않으면 우리도 물러서지 않겠다."

　일요일 아침, 황실 수비대는 총을 발포했다. 요란한 총소리와 함께

알렉산드라 콜론타이

선두의 시위 대열이 쓰러졌다.

"아니, 이럴 수가!"

노동자들이 총을 맞고 피를 흘리며 쓰러지는 장면을 보면서 알렉산드라는 경악을 금치 못했다. 이 사건으로 끝내 수백 명이 사망하고 부상당했다. 주변에 피를 흘리며 쓰러진 사람들을 병원으로 옮기면서 알렉산드라는 다시 한 번 굳은 다짐을 했다.

"사람들이 이렇게 억울하게 죽어가고 있는데 경제학 공부가 무슨 필요가 있겠어. 이제부터 나도 짜르 체제와 맞서 싸울 거야."

역사는 훗날 이 날의 사건을 '피의 일요일 사건'이라고 불렀다. 페테르부르크에서 죽음의 행렬을 목격한 알렉산드라는 어린 시절 자신의 꿈을 되새겼다.

'그래. 프랑스를 구한 잔다르크처럼 러시아를 살리기 위해 혁명가가 될 거야.'

'피의 일요일 사건'은 알렉산드라를 직업 혁명가로 바꾸어 놓았다. 그녀는 선전물을 배포하고 파업 자금 마련을 위해 동분서주했다. 알렉산드라는 여성 노동자들을 조직하는 데 커다란 역할을 했다.

알렉산드라 콜론타이의 아름다운 외모와 우아한 자태는 분명 산업지대 빈민가와는 어울리지 않았다. 하지만 누구보다도 열정적인 목소리와 설득력 있는 말솜씨로 노동자들의 지지를 받게 되었다. 특히나 알렉산드라는 많은 여성 노동자들의 절대적인 지지를 끌어냈다.

"여러분! 저는 여러분과 마찬가지로 한 아이의 어머니이며 러시아의 여인입니다. 지금 추위와 굶주림 속에서 많은 사람들이 죽어가고 있습니다. 절대로 우리 아이들에게 이런 세상을 남겨줘서는 안 됩니다. 우리 여성들이 앞장서서 러시아를 바꿔야 합니다!"

알렉산드라가 여성대회에 참여하여 두각을 나타내자 경찰 역시 그녀를 잡기 위해 혈안이 되었다. 경찰의 추적을 피해 러시아를 떠난 그녀는 1908년부터 1914년까지 독일에서 망명생활을 해야 했다.

1914년 1차세계대전이 발발하자 망명 중이던 알렉산드라는 전쟁과 제국주의에 반대하는 운동을 벌였다. 그러던 중 1915년, 레닌을 만나 볼셰비키 당원이 되었다.

"볼셰비키 당원이 된 걸 환영하오."

볼셰비키란 다수파라는 뜻으로, 러시아 사회 민주 노동당에서 레닌을 지지하는 세력이었다. 레닌은 양복 차림의 마른 몸매에 눈빛이 날카로운 인상의 신사였다. 넓은 이마가 벗겨진 레닌 옆에는 모자를 쓰고 인민복을 입은 스탈린이 서 있었다.

"콜론타이 동지, 스탈린 동지와 인사를 나누시오."

스탈린은 아무런 말도 없이 가볍게 목을 내렸다 올리는 것으로 인사를 다했다. 어떻게 보면 인자한 농부처럼 보였지만 그는 웃음이 없었다. 스탈린은 강철의 인간이란 뜻으로 레닌이 붙여준 이름이었다. 이 조용하고 웃음이 없는 스탈린이 훗날 피도 눈물도 없는 냉혈한 독재자가 되리라고는 당시 알렉산드라는 상상도 못 했다.

"우리에겐 콜론타이 동지처럼 총명하고 똑똑한 인재들이 필요하오."

알렉산드라는 레닌이 하는 말을 묵묵히 듣고만 있었다.

"미국의 사회당으로부터 강연 요청이 들어왔는데 콜론타이 동지가 가주셨으면 하오."

"왜 하필이면 나지요?"

"콜론타이 동지가 영어를 잘 한다고 들었소. 또 동지가 쓴 〈누가 전쟁을 원하는가?〉라는 책자를 읽어 봤소."

〈누가 전쟁을 원하는가?〉는 알렉산드라가 볼셰비키에 합류하면서 쓴 선전 책자였다. 1차세계대전을 일으킨 독일을 비난하면서 동시에 모든 제국주의 전쟁에 반대한다는 내용의 글이었다.

"아주 잘 썼더군요. 그 내용을 미국 노동자들에게 전해 주시오."

잠시 생각을 하는 알렉산드라를 향해 레닌이 다시 말했다.

"볼셰비키의 외교 대사라고 생각하고 열심히 일을 해주시오."

알렉산드라는 문득 그 옛날, 외교관이 되고 싶었던 소녀 시절이 생각났다. 알렉산드라는 가볍게 웃으며 고개를 끄덕였다.

"좋습니다. 미국은 저도 꼭 한번 가보고 싶은 나라였어요."

알렉산드라는 그 다음 해 배를 타고 미국으로 향했다.

1916년, 알렉산드라는 4개월 간 미국 각지를 돌아다니면서 4개 국어(영어, 러시아어, 불어, 독일어)로 123회의 강연과 연설회를 하는 강행군을 벌였다. 연설회가 벌어지는 곳마다 수많은 미국 노동자들이 모여들었다. 알렉산드라의 우아한 미소와 힘찬 연설은 모든 노동자의 눈길을 끌고도 남았다.

"미국의 노동자 여러분! 이건 절대 어려운 이야기가 아닙니다. 전쟁보다는 평화를 선택하자는 겁니다. 국가와 민족도 노동자가 있어야 존재합니다. 국가와 민족보다 중요한 것이 노동자의 생명입니다."

알렉산드라의 연설이 계속되는 동안 숨소리 하나 들리지 않았다. 노동자들의 눈길은 알렉산드라를 향했다.

"미국은 전쟁에 참전해서는 안 됩니다. 제국주의 전쟁에 반대하는 것은 전쟁 참여가 아니라 전쟁 반대입니다. 미국뿐 아니라 독일 노동자 역시 전쟁에 반대해야 합니다."

알렉산드라의 연설은 수많은 노동자들과 양심적인 지식인들의 공감을 얻어냈다. 알렉산드라는 가는 곳마다 언어를 바꾸어 연설했다. 신대륙의 도시마다 유럽에서 온 이주민들의 국적이 달랐기 때문이었다. 프랑스인이 많은 북부에서는 불어로 연설을 했고 독일 이주자들이 많은 곳에서는 독일어로 연설했다.

"미국은 유럽 각지에서 살던 민족이 모여서 하나의 위대한 국가를 이루었습니다. 이제 자기 민족, 자기 국가만이 최고라는 생각은 낡은 생각입니다."

알렉산드라의 연설은 제국주의 전쟁에 반대하며 노동자들이 앞장 서서 각국의 정부에 대항하라는 내용이었다. 아울러 러시아혁명에 대한 지지를 요청했다. 많은 미국 노동자들과 지식인들은 알렉산드라에게 동조하며 주머니를 열어 러시아혁명을 지원했다. 유럽에 있던 레닌은 이 소식을 듣고 알렉산드라의 능력에 감탄을 금치 못했다.

알렉산드라가 미국에서 돌아온 다음 해, 마침내 러시아에서 2월 혁명이 일어났다. 국제 여성의 날에 여성들의 시위로 혁명이 시작되었다. 알렉산드라는 이 시위의 맨 앞에 섰다. 알렉산드라와 러시아 여성들은 목이 쉬어라 구호를 외쳤다.

"러시아에 평화를 달라!"

"농민에게 땅을 달라!"

"인민에게 빵을 달라!"

페테르부르크를 비롯한 러시아 곳곳에서 볼셰비키의 구호인 평화, 땅, 빵을 외치는 소리가 울려 퍼졌다. 시위대는 무능하고 부패한 황제 니콜라이 2세에게 자리에서 물러날 것을 요구했다. 황제를 지키기 위해 근위대가 나섰지만 시위대의 숫자를 막기에는 역부족이었다.

러시아 민중들의 거센 파도와 같은 행진 속에 마침내 제정 러시아가 무너졌고 황제 니콜라이 2세는 직위에서 물러났다. 대신 케렌스키가 지도하는 임시 사회주의 정부가 들어섰다. 그러나 알렉산드라는 케렌스키 임시정부를 인정하지 않았다. 임시정부는 미적거리며 개혁을 미뤘고 즉위에서 물러난 황제와 타협하려 했다. 알렉산드라는 레닌에게 강력한 사회주의 정부의 필요성을 주장했다.

"노동자를 대표하는 소비에트가 권력을 잡도록 준비합시다. 더 이상 케렌스키 임시정부에 협력할 필요는 없습니다. 권력만이 빵과 자유를 줄 수 있습니다."

레닌은 알렉산드라의 의견을 받아들였다. 케렌스키 임시정부를 몰아내기 위해 나선 것이다.

　10월 혁명이 시작되었다. 다시 한 번 시위 대열은 페테르부르크 거리를 휩쓸었다. 여성 시위대의 선두에는 역시 알렉산드라가 있었다.

"가짜 임시정부는 물러가라!"

"우리는 볼셰비키의 소비에트 정부를 원한다!"

　이때 케렌스키 임시정부의 백군 경비병들이 나타났다. 그들은 번쩍이는 칼이 달린 긴 총을 어깨에 메고 있었다.

　금방이라도 쏠 것 같은 긴 총을 앞세운 백군 경비대를 본 시위대들은 일제히 도망치기 시작했다. 알렉산드라는 침착하게 여성 시위대를 지휘했다.

"다들 겁먹지 말고 천천히 물러나세요."

　잘못하면 많은 사상자들이 나올 것을 염려한 알렉산드라는 여성 시위대와 함께 뒤로 물러섰다. 순간 뒤쪽에서 커다란 비명소리가 들렸다. 반대편에서 또 다시 군인들이 나타난 것이다. 이번에는 둥그런 모자를 쓰고 등을 덮은 칼라 차림의 해군 수병들이었다.

"뒤에도 군인들이 있어요. 어떻게 하지요?"

　당시 러시아에서는 케렌스키를 지지하는 백군과 볼셰비키를 지지하는 적군이 곳곳에서 전쟁 같은 치열한 싸움을 벌이고 있었다. 군인들도 지휘관의 정치 성향에 따라 백군과 적군으로 나뉘었다. 알렉산드라는 수병들 앞으로 나갔다. 그들은 볼셰비키를 뜻하는 빨간색 깃발을 들지 않고 있었다.

'과연 저들은 누구 편일까?'

알렉산드라는 수병들이 볼셰비키를 지지하는 적군이길 바랐다. 하지만 어디선가 알렉산드라의 바람과는 다른 외침이 들려왔다.

"조준 총!"

척 소리와 함께 수병들이 일제히 소총을 들어 올렸다. 땅이 꺼질 듯한 한숨과 커다란 비명소리가 여성 시위대 속에서 튀어나왔다. 알렉산드라는 수병들 앞으로 달려가면서 두 손을 내저으며 외쳤다.

"쏘지 마!"

커다란 폭음과 함께 일제히 소총이 발사되었다. 엄청난 소리에 알렉산드라는 자신의 귀를 손으로 막았다. 겁이라고 하나 없는 강한 심장의 알렉산드라였지만 자신도 모르게 저절로 눈이 감겼다. 알렉산드라는 한 손을 가슴에 대고 자신의 심장 소리를 느꼈다. 아직 숨이 붙어 있었다.

"하하하하!"

어디선가 들려온 커다란 웃음소리에 알렉산드라는 눈을 떴다. 알렉산드라 앞으로 키가 크고 덩치가 우람한 사내가 웃고 있었다. 수병 차림에 권총을 손에 쥔 그는 알렉산드라에게 씽긋 윙크를 했다.

"놀라셨어요?"

호탕하게 웃은 사내는 알렉산드라를 향해 미리 주의를 줬다.

"자, 이번엔 귀를 확실히 막으십시오."

사내는 총을 겨눈 수병들을 돌아보며 큰 소리로 외쳤다.

"발사!"

수병들은 사내의 지시에 따라 일제히 총을 쐈다. 이번에는 기관총까지 쏘아대 더욱 커다란 폭음이 들렸다. 알렉산드라는 양손으로 귀를 막았다. 군인들은 총구를 하늘을 향해 쏘았다. 공중을 향해 발포된 소리에 쫓아오던 백군들이 놀라 달아나기 시작했다.

"백군들이 도망친다!"

시위대의 앞을 가로막던 백군들은 어느새 사라졌다. 여성 시위대 사이에서 환호 소리가 나왔다.

"앞으로!"

사내가 큰 소리를 외치자 어깨에 총을 걸친 수병들이 일렬로 행진하기 시작했다. 여성 시위대원들은 길을 비켜주며 수병들을 향해 박수를 쳤다. 수병들은 백군들의 뒤를 쫓아갔다.

알렉산드라는 수병들을 지휘하는 사내를 다시 한 번 바라봤다. 훤칠한 키에 덩치가 큰 호남이었다. 빛나는 눈빛은 자신감에 차 있고 물불을 가리지 않는 용맹한 성격이 얼굴에 드러났다. 알렉산드라는 수병들을 쫓아가려는 사내에게 다가가 말을 걸었다.

"이름이 뭐죠?"

"파벨 디벤코."

파벨이라는 대답에 알렉산드라는 어린 시절의 추억이 떠올랐다. 겨울궁전을 보여줬고 황제가 암살되는 현장을 같이 본 친구. 길거리에서 마지막으로 헤어졌던 친구가 파벨이었다. 하지만 지금 자신 앞에서 있는 사내는 이름만 같을 뿐이지 그 파벨이 아니다.

기억 속 파벨은 자신보다 나이가 많았지만 눈앞에 선 파벨은 자신보다 훨씬 어려 보였다. 그리고 훨씬 더 잘생겼고 덩치가 컸다.

옛 추억을 떠올리던 알렉산드라는 자신을 흥미롭게 내려다보는 사내를 의식했다.

"파벨, 잊을 수 없는 이름이군요."

어깨를 으쓱하면서 디벤코가 웃었다.

"누가 제 이름과 같았던 모양이군요."

"네. 예전에 알던 친구의 이름이 파벨이었거든요."

"아마 그 파벨은 꽤나 잘생기고 늠름했겠군요."

알렉산드라는 디벤코가 수병들의 지휘자인 것을 한눈에 알아봤다. 더 이상 그를 잡고 있을 시간이 없었다.

"당신 이름을 기억하겠어요. 우린 다시 만나게 될 거예요."

디벤코는 흥미로운 눈으로 알렉산드라를 바라봤다.

'처음 본 사내한테 다시 만날 거라고 스스럼없이 말하다니 보통 여자가 아니군.'

여성 시위대 속에 있었지만 분명 옷차림이나 분위기가 다른 여자들과는 달랐다. 그녀에게는 사람의 발길을 멈추게 하는 매력이 있었다. 디벤코는 알렉산드라에게 바싹 다가가 웃으며 물었다.

"아가씨 이름은 뭐죠?"

"알렉산드라 콜론타이."

"좋아요, 알렉산드라. 혁명이 성공하면 언제든 나를 만나러 오시오."

"어디로 찾아가면 되나요?"

"그때까지 내가 살아 있다면 어디에서든 나를 만날 수 있을 것이오."

디벤코는 자신의 가슴을 한 손으로 세게 치면서 말했다. 얼굴엔 자신감이 넘쳐 흘렀다.

"혁명 후엔 내 이름만 대면 알 수 있을 정도로 유명해질 테니 말이오."

알렉산드라는 웃는 얼굴로 디벤코를 바라봤다.

"나는 발틱 함대의 총지휘자이자 볼셰비키 적군의 해군 장군인 파벨 디벤코요."

디벤코의 큰 소리에 알렉산드라의 얼굴이 순간 굳어졌다. 알렉산드라는 한 손으로 머리카락을 쓸어내리며 쌀쌀하게 대꾸했다.

"지금 해군장관은 트로츠키 동지로 알고 있는데요."

흐음, 얕은 신음소리와 함께 디벤코는 당황했다. 디벤코는 알렉산드라의 얼굴을 빤히 바라보며 눈을 멀뚱거렸다.

'보기보단 많은 걸 알고 있는 아가씨로군.'

10월 혁명을 위해 디벤코가 속한 발틱 함대는 페테르부르크에 10척의 전함을 보냈다. 디벤코는 발틱 함대 소속의 리더였지만 총지휘자는 아니었다. 거짓말을 한 게 들통나자 뜨끔한 디벤코는 변명했다.

"내가 말한 건 지금의 직함이 아니라 나중의 내 직함이오."

디벤코는 어색한 상황을 벗어나려고 하하하 크게 웃었다.

"난 앞으로 러시아 발틱 함대의 총지휘자이자 미래 소비에트의 해군 장관이 될 사람이오."

그제야 굳어 있던 알렉산드라의 얼굴이 풀렸다. 알렉산드라는 고개를 끄덕이며 웃었다.

"꿈이 있는 남자로군요. 저는 그런 사람이 좋아요."

"난 도망치는 백군들을 뒤쫓아야겠소."

디벤코는 어깨를 한 번 으쓱하며 웃고는 한 손을 내밀었다.

"하여간 만나서 반가웠소, 아가씨."

디벤코는 알렉산드라와 악수를 나눈 이후 발걸음을 돌렸다. 돌아서는 그의 얼굴에는 아쉬움이 가득했다.

수병들의 뒤를 따라가는 디벤코의 뒷모습을 보는 알렉산드라의 얼굴 역시 아쉬움이 가득했다.

"파벨, 행운을 빌겠어요."

알렉산드라와 여성 시위대는 겨울궁전을 향해 다시 시위를 시작했다. 시위대의 맨 앞에 선 알렉산드라는 힘차게 구호를 외쳤다.

"부패한 임시정부는 물러나라!"

"여성들이 앞장서서 새 정부를 수립하자!"

알렉산드라가 이끄는 시위대는 이윽고 겨울궁전에 도착했다. 케렌스키 임시정부의 본거지였던 궁전은 텅 비어 있었다. 백군이 페테르부르크에서 물러난 것이다. 1만 명의 발틱 함대 수병은 볼셰비키 적군의 편에 섰고 임시정부 의회를 해산시켰다.

10월 혁명은 성공했고, 카렌스키 임시정부는 몰락했다. 10월 25일

페테르부르크에서는 레닌이 이끄는 소비에트 정권이 새롭게 출범했다. 이후 시간이 지날수록 볼셰비키의 권력은 막강해졌고, 그럴수록 알렉산드라의 영향력도 커졌다.

"동지들, 그동안 수고가 많았습니다."
페테르부르크 의회에 모인 볼셰비키 중앙위원은 모두 25명이었다. 그중에는 레닌과 함께 알렉산드라 콜론타이도 끼어 있었다. 처음 중앙위원으로 선출될 당시 알렉산드라는 유일한 여성 위원이었다. 이때 알렉산드라는 스탈린보다도 더 많은 표를 받고 중앙위원이 되었다. 알렉산드라는 대중연설을 잘 했고 어떤 남성 위원들에게도 뒤지지 않는 이론가였다.

알렉산드라가 연설을 시작했다.

"우리는 이 혁명의 시작을 잊어서는 안 됩니다. 그것은 빵을 달라는 여성들의 시위로부터 시작되었습니다."

혁명의 성공으로 한껏 사기가 오른 알렉산드라는 새로운 러시아를 이끌 장밋빛 꿈에 부풀었다.

"그래서 저는 제일 먼저 부인들에게 일자리와 탁아 시설을 구해줘야 한다고 요구합니다."

알렉산드라는 문제들을 해결하기 위해 중앙 여성국을 만들자고 제안했다. 또한 고아원과 탁아소, 양로원, 기아 보호소를 만들기 위한 예산을 확보하고 복지부 인민위원회장이 되었다.

당시 러시아는 숱한 전란과 시위로 인해 물자가 풍부하지 못했다. 인민들은 여전히 굶주렸고 다들 가난한 시절이었다. 중앙위원회 위원들조차 배부르게 먹지 못하고 굶주림을 참아가면서 일을 해야 했다. 알렉산드라는 매일 밤늦게까지 계속되는 토론에 빠짐없이 출석했다. 그런 알렉산드라를 보며 한 중앙위원은 이렇게 말했다.

"콜론타이는 여자 레닌이야. 강하고 굽힘이 없지."

자신이 하고 싶은 일은 모두 하고야 말았던 어린 시절의 슈라처럼 알렉산드라는 자신의 정책을 밀고 나갔다.

"결혼 후에 여성이 남성의 성을 따라 이름을 바꾸는 것은 말이 안 됩니다. 자신의 성이나 남편의 성을 자유롭게 선택할 수 있도록 법을 바꿔야 합니다."

알렉산드라는 남편과 아내의 법적 신분이 동등하도록 한 가족법을 만들었다. 또한 이혼의 자유를 보장했고 이혼 후 남편이 자녀 부양비를 내도록 하였다. 알렉산드라는 혁명 운동에 참여한 여성들이 가정에 시간을 빼앗기지 않아야 한다고 주장했다.

"여성이 집안일로부터 자유로워야 합니다."

전체 당원 대회에서도 알렉산드라가 여성 문제를 계속 제기하자 볼멘소리가 튀어나왔다.

"하지만 내 아내는 집안일하는 걸 좋아하는데 어쩌겠소."

이 말에 남성 당원들은 일제히 웃음을 터뜨렸다. 알렉산드라는 기분이 좋지 않았다. 자신의 정책에 대놓고 반대는 하지 않았지만 많은 남성 당원들이 아직까지도 여성을 집안 살림이나 하고 아기를 돌보는 존재만으로 생각하고 있었다. 이때 일제히 웃는 남성 당원들 가운데 굳은 얼굴로 웃지 않는 사내가 있었다.

그는 바로 당 대회에 출석한 파벨 디벤코였다. 당 대회에 나온 디벤코는 유일한 여성중앙위원인 알렉산드라 콜론타이를 알아봤다. 여성 시위대 앞에서 수병들을 가로막았던 당찬 여자였다. 나중에 자신과 만날 것을 다짐했던 알렉산드라가 당의 중앙위원 자리에 앉아 있는 걸 본 디벤코는 어안이 벙벙했다.

회의가 끝날 무렵, 알렉산드라는 그제야 디벤코를 알아보고 입가에 미소를 지었다. 자리에서 일어난 알렉산드라는 자신의 집무실로 파벨 디벤코를 불렀다. 사무실로 들어온 디벤코는 알렉산드라에게 경례를 붙인 후 부동자세로 섰다.
"차렷!"
 알렉산드라가 아무런 말없이 물끄러미 바라보자 디벤코는 상기된 얼굴로 서 있었다. 알렉산드라가 무뚝뚝하게 물었다.
"나를 기억하는가?"
"물론입니다."
 디벤코가 대답하자 알렉산드라는 그제야 부드러운 미소를 띠었다.
"혁명은 성공했고 당신은 살아남았군요. 그래서 당신을 찾아봤어요."
 알렉산드라는 서류를 하나 들어 올렸다.
"당신 이력서예요. 부두 노동자에 트럭 운전수 출신이더군요."
 디벤코는 당황한 얼굴로 변명했다.
"그때 해군장관으로 저를 소개한 건 농담이었습니다. 당에서 문제 삼겠다면 제가 책임지겠습니다."
 디벤코는 쩔쩔맸고 알렉산드라는 웃으면서 이력서를 뒤적였다.
"당신이 지휘한 함선이 흥미롭던데 자세히 얘기해 줄 수 있나요?"
 알렉산드라의 말에 디벤코의 얼굴에 활기가 넘쳤다.
"감옥선을 말씀하시는 겁니까?"
 디벤코가 지휘한 발틱 함대 소속의 함선은 감옥선이다. 감옥선은 전투에서 사로잡힌 전쟁 포로나 범죄를 저지른 전과자, 사고를 치거나 탈영하다 잡힌 군인 등 죄수들을 태운 배였다.
 혁명 운동에 참여하면서 군대를 피해 도망치던 디벤코는 감옥선에 수병으로 징집되었다가 감옥선에서 과거 활동이 들통 나 그만 죄수로 갇히게 되었다. 죄수들을 감시하던 수병에서 죄수들과 함께 생활하는 신세가 되고 만 것이다.

함선에서 몇 개월의 옥고를 치른 디벤코는 나중에 풀려난 후 배에서 반란을 일으켰다. 디벤코는 자신을 따르는 수병들, 죄수들과 함께 반란에 성공했다. 이후 함선을 자신의 힘으로 지휘하였고, 감옥선은 볼셰비키에 동조하는 발틱 함대의 함선이 되었다.

디벤코의 설명을 듣는 알렉산드라는 모험 소설책을 읽는 듯 흥미진진한 얼굴로 고개를 끄덕였다.

"제가 지휘한 감옥선은 10월 혁명 중에 가장 혁혁한 공을 올린 함선이라고 자부합니다."

"좋아요. 아주 흥미진진한 이야기네요."

알렉산드라는 디벤코가 얘기하는 동안 이력서가 붙어 있는 서류에 뭔가 깨알 같은 글씨를 썼다. 디벤코가 말한 감옥선에 관한 내용과 10월 혁명 당시 감옥선 수병들의 활약상을 적은 것이었다.

"이 정도면 충분할 거 같군요."

"무슨 말씀이십니까?"

알렉산드라는 웃음 띤 얼굴로 디벤코에게 한 손을 내밀었다.

"축하해요. 당신의 꿈이 이루어졌어요."

디벤코는 얼떨결에 알렉산드라가 내민 손을 잡으며 되물었다.

"꿈이라니요?"

"전에 말했잖아요. 미래에 해군 장관이 될 거라고요."

디벤코는 고개를 갸웃거렸다.

"그렇다면?"

알렉산드라는 확신에 찬 말투로 말했다.

"당신은 10월 혁명에 큰 공을 세웠어요. 당신을 발틱 함대 총지휘관인 해군 장관에 추천하겠어요."

"그게 정말입니까?"

"난 추천만 할 뿐, 레닌 동지가 임명할 것이에요."

알렉산드라의 웃는 얼굴에 그제야 디벤코는 상황을 이해했다. 알렉산드라가 자신을 레닌에게 추천하고 레닌이 그걸 받아들인다면 자신이 해군 장성이 된다는 것이다. 생각지도 못했던 행운이었다.

"돌아가서 기다리면 나중에 레닌 동지가 그대를 부를 거예요."

"정말 고맙습니다. 콜론타이 중앙위원님."

"존댓말 쓸 필요 없이 친구 대하듯이 편히 하세요."

"아닙니다. 군인은 항상 계급과 명령에 따라 움직여야 합니다."

다시 디벤코는 허리를 곧게 펴고는 차렷 자세를 취했다. 그러자 알렉산드라는 굳은 얼굴로 손짓을 했다.

"그럼 상급자로서 명령하지. 앞으로 날 친구처럼 대하시오."

"그, 그건 좀."

명령이라는 말에 군인인 디벤코는 말을 더듬었다.

덩치가 큰 남자가 당황하자 알렉산드라는 웃음이 절로 나왔다.

113

"당신을 보면 어린 시절 친구가 생각나요. 그러니 친구처럼 지내요."

알렉산드라가 다정한 눈빛으로 쳐다보자 디벤코는 여유를 찾았다.

"그래도 되겠습니까? 중앙위원 동지."

알렉산드라가 웃음과 함께 대답 없이 고개를 끄덕였다. 뻣뻣하게 서 있던 디벤코도 어깨를 풀고 자세를 편하게 잡았다.

"그럼, 친구로 지내죠."

알렉산드라는 자신의 머리카락을 한쪽으로 쓸어 올리며 물었다.

"내가 몇 살로 보이나요?"

디벤코는 알렉산드라의 나이를 상당히 어리게 봤다. 자기보다 나이가 많아 보이긴 했지만 두세 살 위쯤으로 생각했다.

"저보다 한두 살 정도 많은 것으로 보입니다."

알렉산드라의 청춘은 혁명 운동과 함께 쏜살같이 지나갔다. 하지만 여전히 아름다웠고 매혹적이었다. 그러나 이제 그녀의 나이는 벌써 중년이 넘었다.

"내 나이는 마흔 여섯이에요."

"그게 정말입니까? 전혀 그렇게 안 보이는데요."

디벤코는 알렉산드라의 나이를 믿을 수가 없었다. 사십 세가 넘었지만 잔주름 하나 없이 피부가 깨끗했고 흰머리도 보이지 않았기 때문이다. 항상 건강하고 열정적으로 살아온 것이 그녀가 젊음을 유지할 수 있었던 비결이었다. 이때 디벤코의 나이는 스물 아홉으로 알렉산드라보다 열 일곱 살이나 어렸다.

"근데 저보다 나이가 한참 위인데 친구가 될 수 있을까요?"

"친구가 되는 데 나이는 별로 중요하지 않아요."

알렉산드라에게 나이란 숫자에 불과했다. 그녀의 단호한 말에 디벤코도 고개를 끄덕였다.

"저도 그렇게 생각합니다. 그런데 결혼은 하셨나요?"

"이혼했어요. 파벨은?"

"전 아직 미혼입니다."

입가에 웃음을 띤 알렉산드라가 코트를 잡으며 일어섰다.

"개인적인 이야기는 밖에 나가서 하지요."

"그럼, 친구가 된 기념으로 한잔 할까요?"

파벨이 술잔을 드는 시늉을 했다.

"술은 마시지 못하지만 당신과 함께라면 좋아요."

알렉산드라와 디벤코는 페테르부르크 골목의 술집으로 향했다.

두 사람은 너무나 달랐다. 알렉산드라는 백옥처럼 흰 피부에 우아하고 세련된 교양 있는 여성이었고, 디벤코는 검게 그을린 피부에 우락부락하고 거친 사내였다. 알렉산드라는 귀족 출신으로 대학 교육을 마친 똑똑한 숙녀지만 디벤코는 농민의 아들로 정규 교육을 제대로 받지 못했다. 모든 것이 반대였지만 오히려 그런 면이 두 사람에게는 서로 호기심을 일으켰다.

북쪽에 위치한 페테르부르크에서는 자주 백야 현상이 일어났다. 백야는 해가 진 뒤에도 어두워지지 않는 밤이다. 알렉산드라와 디벤코는 술잔을 기울이며 밤늦도록 백야를 함께 보냈다.

"파벨 디벤코 동지를 발틱 함대 총 지휘자이자 해군 장관에 임명한다."

얼마 후, 디벤코는 레닌의 호출을 받고 해군 장관에 임명되었다. 해군 장관은 혁명에 참여한 디벤코의 꿈이었다. 디벤코는 생각보다 빨리 꿈을 이룬 것이다. 디벤코는 알렉산드라에게 진심으로 감사했다. 알렉산드라의 적극적인 추천이 없었더라면 힘들었을 자리였다.

친구 사이로 시작된 알렉산드라와 디벤코의 만남은 날이 갈수록 잦아졌다. 그러는 사이 두 사람에게는 애틋한 감정이 생겨났고 한시라도 만나지 못하면 견디지 못할 정도가 되었다. 하지만 디벤코는 군인이었기 때문에 알렉산드라와 자주 만나기 힘들었다. 혁명은 성공했지만 백군은 여전히 곳곳에서 저항 중이었고 독일과의 전쟁은 계속되었다. 그러던 어느 날이었다.

"독일과 단독 휴전을 선언하오."

비상 당 대회가 열리고 레닌은 휴전을 선언했다. 당내는 일순 술렁거리기 시작했다. 전투 도중 휴전은 곧 패배를 의미한다. 하지만 휴전을 선언한 사람은 레닌이었다. 최고 권력자의 말에 누구도 드러내놓고 반대를 하기 어려웠다. 그때 알렉산드라가 손을 들고 발언했다.

"저는 휴전 선언에 반대합니다. 지금 휴전하는 것은 독일군을 도와주는 겁니다."

알렉산드라가 반대하자 레닌 역시 발끈했다. 레닌은 책상을 손바닥으로 치며 언성을 높였다.

"휴전은 러시아를 전쟁으로부터 보호하기 위한 조치요. 지금 우리는 전쟁을 치를 겨를이 없소."

레닌이 완강하게 휴전을 고집했지만 알렉산드라 역시 이에 굴하지 않았다.

"레닌 동지, 제국주의 독일과 전쟁을 멈추는 것은 반역 행위입니다."

알렉산드라는 손가락으로 단상 중앙에 앉아 있는 레닌을 가리켰다. 소비에트의 최고 권력자이자 지도자인 레닌을 반역자로 지칭한 것이다. 곧 장내는 웅성거리기 시작했다. 다들 소리 내어 말하지는 못했지만 속으로는 알렉산드라의 행동에 혀를 내둘렀다.

'감히 레닌 동지를 반역자라고 하다니.'

'과연 여장부 콜론타이만이 할 수 있는 말이야.'

소란스런 가운데 레닌이 팔짱을 낀 채 알렉산드라를 바라봤다. 알렉산드라는 레닌의 눈길을 피하지 않았다.

"설령 휴전을 한다고 해도 독일은 약속을 지키지 않을 겁니다."

알렉산드라는 이어서 당 중앙위원들을 보며 주먹을 쥐어 보였다.

"우리는 독일군과 싸우는 게 아니라 노동자 공화국을 위해 싸우고 있습니다. 그래서 더더욱 이 싸움을 멈춰서는 안 됩니다."

몇몇 중앙위원들은 알렉산드라의 의견에 공감했다. 하지만 레닌과 맞서서 그를 설득할 수 있는 중앙위원은 없었다. 레닌이 더 이상 토론은 무의미하다는 듯 주변을 둘러보며 물었다.

"또 휴전에 반대하는 사람 있소?"

결국 1918년 1월, 레닌은 독일과 단독 휴전을 선언했다. 그리고 이를 바탕으로 브레스트리토프스크 강화조약을 맺는다.

그러나 얼마 후 독일군은 알렉산드라의 말처럼 휴전 약속을 어기고 페테르부르크를 공격하려 했다. 레닌은 발틱 함대 수장인 디벤코에게 나르바를 지키도록 했다. 출동 명령을 받은 디벤코는 전함을 이끌고 나르바로 향했다.

한편 전선으로 나간 디벤코와 떨어져 지내야 했던 알렉산드라는 전황이 궁금했다. 하지만 전쟁터 소식은 들리지 않았다. 이후 한 달만에 독일군이 물러갔다는 소식에 알렉산드라는 안도의 한숨을 내쉬었다. 그러나 어찌된 영문인지 디벤코가 승리했다는 승전보도 올라오지 않았다. 그러던 어느 날, 알렉산드라는 엉뚱한 일이 벌어졌다는 걸 알게 되었다.

쿵쿵쿵쿵!

한밤 중, 집 대문을 두들기는 소리에 알렉산드라는 잠에서 깼다. 등불을 들고 내려간 알렉산드라의 앞으로 총칼을 든 군인들이 서 있었다. 그들은 다급한 얼굴로 알렉산드라를 찾았다.

"한밤중에 웬 소란들이냐?"

"대장님을 살려 주십시오. 제발 부탁입니다."

젊은 군인이 바닥에 한쪽 무릎을 꿇으며 외쳤다.

알렉산드라가 등불을 들어 병사들을 바라보았다. 일제히 허리를 숙인 이들은 모두 수병들이었다.

"너희들은 누구냐?"

"저희는 디벤코 대장님을 따르는 부하들입니다."

십여 명의 수병들은 감옥선에 있을 때부터 디벤코를 따르던 심복들이었다. 지금 전선에 있어야 할 디벤코의 부하들이 왜 자신의 집으로 찾아왔는지 알렉산드라는 의아했다. 걱정이 된 알렉산드라가 수병들에게 물었다.

"디벤코가 독일군의 포로라도 됐단 말인가?"

"그게 아니라 반역죄로 체포됐습니다."

수병의 말이 끝나자마자 알렉산드라는 도저히 이해가 안 가는 얼굴로 고개를 가로저었다.

"무슨 말도 안 되는 소리냐? 어서 빨리 자세히 말해라."

알렉산드라의 호통에 무릎을 꿇었던 병사가 일어났다. 병사는 알렉산드라에게 가까이 다가가 상황을 설명했다. 처음에는 묵묵히 듣고 있던 알렉산드라의 얼굴이 굳어졌다.

6장
피할 수 없었던
두 번째 결혼식

새벽 찬바람을 헤치고 알렉산드라는 감옥소로 향했다. 말을 탄 수병 십여 명이 뒤를 뒤따랐다. 교도소에 간 알렉산드라는 교도관을 만나 면회를 신청했다.

"파벨 디벤코를 만나러 왔소."

"안 되오. 누구도 면회를 할 수 없소."

교도관이 고개를 가로젓자 알렉산드라가 당원증을 내밀었다.

"중앙위원회 알렉산드라 콜론타이오. 면회하려면 누구의 허락이 필요한가?"

"넷, 잠깐만 기다리십시오."

붉은 별이 그려진 당원증을 본 교도관은 알렉산드라를 향해 차렷자세로 경례를 붙였다. 그리고는 어디론가 잠시 나갔다가 돌아왔다.

아침이 되자 면회가 허락되었다.

"들어가시죠."

교도소 안에 마련된 면회실에서 알렉산드라는 디벤코를 만났다. 두 사람은 보자마자 서로의 이름을 불렀다. 알렉산드라 뒤로 수병들 두 명이 따라 들어왔다. 감시병은 문 밖에서 대기하고 있었기에 수병 한 명이 알렉산드라의 귀에 대고 말했다.

"감시가 소홀한 거 같으니 대장님을 모시고 탈옥을 하지요."

"안 돼. 모두 나가 있어."

알렉산드라는 단호하게 고개를 가로저었다.

수병이 디벤코의 눈치를 봤다. 디벤코는 문밖으로 나가 있으라며 턱짓을 했다. 안에 들어왔던 수병 두 명도 밖으로 나갔다. 알렉산드

라는 디벤코에게 직접적으로 물었다.

"대체 어떻게 된 일인지 설명해 보세요."

디벤코는 할 말을 잃고 멍한 눈으로 앉아 있었다. 다만 두 손으로 알렉산드라의 손을 잡았다. 알렉산드라 역시 디벤코의 손을 맞잡으며 믿을 수 없다는 표정을 지었다.

"전투 한 번 안 해보고 전선에서 도망쳤다는 게 사실인가요?"

디벤코가 고개를 끄덕이자 알렉산드라는 한숨을 쉬었다.

"왜 그랬어요?"

나르바 방어를 위해 출동한 디벤코와 부하들은 전선을 이탈해서 술만 마시고 도망쳤다는 혐의를 받았다. 디벤코와 부하들은 한 달 동안 행방불명이었다. 후에 디벤코에 대한 체포령이 떨어졌고, 소비에트 군에게 붙잡힌 디벤코는 공산당에서 추방되어 재판에 넘겨졌다. 여기까지가 알렉산드라가 당으로부터 보고받은 내용이었다.

머뭇거리던 디벤코가 힘겹게 입을 열었다.

"나르바 방어를 위해서 나갔지만 우린 싸울 준비가 안 되어 있었소."

"구체적으로 어떤 상황이었지요?"

디벤코는 책상에 앉은 채 두 손으로 머리를 움켜쥐고 괴로운 얼굴을 했다.

"발틱 함대는 굶주린 병사들로 사기가 떨어져 있었고 무기도 병력도 다 모자랐소."

디벤코는 부하들과 함께 식량을 찾으러 함대를 이탈했다. 그리고 또 다른 부하들에게는 무기와 육군 지원병을 모아오도록 명령을 내렸다. 당시 독일군은 지상군 병력 위주였고 디벤코가 이끄는 발틱 함대는 해군이어서 새로운 작전도 필요했다.

"우리에겐 시간이 필요했소. 그런데 우연의 일치인지 독일군은 작전상 후퇴를 했소."

"지휘부는 독일군이 전투에서 패해 후퇴한 줄 잘못 알고 있었어요."

"하여간 우리도 물러나서 때를 기다리며 쉬었을 뿐이요."

"그때 부하들과 함께 술을 마신 거예요?"

대답 없이 고개를 끄덕이는 디벤코를 바라보며 알렉산드라는 한숨을 쉬었다.

"독일군이 그냥 물러난 게 그나마 천만다행이군요."

알렉산드라는 디벤코의 진술 하나하나를 자세히 수첩에 받아 적었다.

"제가 당신 변호를 준비할게요."

디벤코는 알렉산드라의 손을 잡고 있던 손에 힘을 주었다. 지금 자신을 구해줄 수 있는 유일한 사람은 알렉산드라뿐이었다. 면회를 마치고 나가던 알렉산드라가 생각났다는 듯 디벤코에게 당부했다.

"당신 부하들이 사고 치지 않도록 단단히 주의를 주세요."

알렉산드라는 디벤코의 과격한 부하들이 그를 구하기 위해 무리한 행동을 할까 봐 걱정했다. 디벤코는 고개를 끄덕였다.

면회를 마친 알렉산드라는 직접 변호인을 골랐다. 그리고 디벤코의 변론을 함께 준비했다.

디벤코의 명령 불복종 및 반역 행위에 관한 재판이 열렸다.

알렉산드라의 당부에도 불구하고 디벤코의 심복인 발틱 함대의 수병들은 무력시위에 나섰다. 총을 든 수병들이 재판정을 포위하고 열을 지어 행진했다. 디벤코에게 유죄를 선언하면 당장이라도 그를 구출할 기세였다. 교도소가 됐든 재판정이 됐든 거친 수병들에게는 상관할 바 없는 것처럼 보였다. 수많은 전쟁과 전투를 치르면서 그들은 이념보다도 끈끈한 가족애와 동지애로 결합되어 있었다. 그들은 우두머리이자 대장인 디벤코를 구하기 위해서라면 무슨 짓이라도 벌일 준비가 되어 있었다. 알렉산드라는 그런 상황이 벌어지지 않도록 수병들을 찾아가 직접 주의를 줬다.

법정 안 방청석에는 다수의 수병과 시민들이 들어와 앉았다. 법정 가운데 앉아 있는 디벤코를 법복을 입은 사법관이 높은 단상 위에서 엄중한 얼굴로 내려다보았다. 알렉산드라는 콧수염을 기른 중년의 변호사 옆에 앉아 그의 변론을 도왔다. 디벤코의 변호사는 알렉산드라가 알려준 대로 변론했다.

"디벤코는 해군 출신으로 독일 육군에 맞설 전문 군사 지휘자가 아니었습니다."

사법관은 서류를 뒤적이며 변호사의 이야기를 들었다. 변호사는 어깨를 으쓱거리며 난감한 얼굴로 설명했다.

"또 상황이 너무나 안 좋았습니다. 만약 굶주린 병사들과 형편없는 무기로 독일군과 맞섰더라면 그 결과는 어땠겠습니까? 병사들의 아까운 목숨만 버리고 전투에서 패했을 겁니다."

"그래서 도망을 갔나?"

잠자코 듣고 있던 사법관이 변호사가 말하는 가운데 끼어들었다. 변호사는 고개를 가로저으며 손가락을 흔들었다.

"도망친 것이 아니라 싸울 준비를 하기 위해 기다렸던 겁니다."

"증인이 있는가?"

사법관이 깐깐한 목소리로 되물었다.

"증인은 수천 명이 있습니다. 그들은 바로 여기에도 앉아 있는 발틱 함대의 수병들입니다."

변호사는 발틱 함대 대원들이 서명한 탄원서를 제출했다. 억울하게 죄를 입은 디벤코의 선처를 부탁한다는 내용으로 천여 명의 함대원들이 서명한 것이었다.

법정 안의 수병들을 바라보는 사법관의 눈길은 왠지 불안해 보였다. 사법관은 발틱 함대 수병들이 재판정을 둘러싸고 무력시위를 벌이고 있다는 걸 알고 있었다. 무턱대고 유죄를 내렸다가는 화를 입을 수 있는 것이다.

"그렇게 전투를 피해서 얻은 것은 무엇이요?"

"초초함을 이기지 못한 독일군은 스스로 물러갔습니다. 부하들의 목숨을 살렸고 싸우지도 않고 적을 물리친 것이죠."

사법관은 변호사의 화려한 말솜씨에 혀를 내둘렀다. 사실 변호사의 이런 변론 뒤에는 알렉산드라가 있었다. 원래 알렉산드라는 자신이 직접 디벤코의 변론을 맡고 싶었다. 하지만 그럴 경우 중앙위원이 재판 결과에 영향을 미치려 한다는 의심을 받을 것 같아 그만두었다. 대신 변호사를 통해서 자신이 하고 싶은 변론을 모두 말하게 했다.

"아무리 그렇다 해도 전투에 참전한 군인이 술을 마신 것은 군법 위반이오. 더구나 함대장이 부하들과 함께 술을 마시다니."

이것 역시 알렉산드라는 예상했다. 알렉산드라가 준비했던 대답을 변호사가 대신 말했다.

"음주를 문제 삼는 것 역시 인정할 수 없습니다. 병사들이 추위와 굶주림을 견디기 위해서 어쩔 수 없었습니다. 그들이 얼어 죽지 않고 굶어 죽지 않았던 것 다 술 덕분입니다."

사법관은 말없이 고개를 끄덕였다. 술이 추위와 허기를 막아주었다는 것은 사실이었다. 사법관은 더 들을 필요가 없다는 듯 손을 내저었다. 그는 골치가 아프다는 듯 한쪽 손으로 이마를 짚었다.

사법관이 망치를 들었다. 법정 안의 모든 눈길이 사법관을 향했다. 변호사도 알렉산드라도 방청석의 수병들도 사법관의 입을 주시했다. 사법관이 고개를 끄덕이며 판결을 내렸다.

"당시 파벨 디벤코 함대장은 싸울 준비가 안 되었소. 그 이유로 무죄 선언을 내리오."

탕탕탕!

사법관이 망치를 세 번 내려쳤다. 판결과 동시에 법정 안에는 환호성이 터졌다. 수병들은 서로 손바닥을 마주치며 소리를 질렀다. 알렉산드라 역시 기쁜 얼굴로 중년의 변호사와 악수를 나누었다. 사법관은 골치 아픈 사건을 해결했다는 듯 큰 한숨을 내쉬었다.

　알렉산드라는 법정 밖으로 나가던 디벤코를 껴안았다. 오랜만에 느껴보는 따뜻함이었다. 밖에서 무력시위를 벌이던 수병들은 디벤코의 무죄 소식을 전해 듣고는 일제히 하늘을 향해 축포를 발사했다.

　무죄 선언을 받은 디벤코는 즉시 석방되었다. 또한 공산당에 다시 가입되었고 발틱 함대로 재배치되었다. 독일과의 휴전은 취소되었고, 독일군이 언제 다시 쳐들어올지 모르는 터라 디벤코에게는 다시 전선으로 나갈 준비를 하라는 출정 명령이 떨어졌다. 그동안 디벤코는 알렉산드라의 집에 머물면서 함께 생활했다.

　디벤코가 전선으로 떠나기 하루 전이었다. 디벤코는 눈 쌓인 자작나무 숲 아래에서 알렉산드라에게 작은 상자를 내밀었다. 상자를 열자 비취색 에메랄드 반지가 들어 있었다. 환하게 빛나는 아름다운 에메랄드 반지에 알렉산드라의 얼굴도 저절로 밝아졌다.

　"알렉산드라, 나와 결혼해주시오."
　디벤코는 반지를 꺼내 알렉산드라의 손가락에 끼우려고 했다.
　순간 알렉산드라는 손가락을 오므리며 주먹을 쥐었다. 그리고 고개를 가로저었다. 그러자 디벤코의 얼굴이 굳어졌다. 한 손에 반지를 쥔 디벤코는 안타까운 얼굴로 알렉산드라를 바라봤다.

"왜 나의 청혼을 받아들이지 않는 거요? 우린 서로 사랑하고 있잖소."

"맞아요. 우린 서로 사랑하고 함께 살고 있지요."

알렉산드라가 굳은 얼굴로 고개를 끄덕였다.

디벤코는 알렉산드라가 자신의 청혼을 받아들이지 않는 것이 의아했다. 하지만 알렉산드라는 첫 남편인 블라디미르와 헤어지면서 다시는 결혼을 하지 않겠다고 맹세한 적이 있었다. 디벤코는 그 사실을 몰랐고 알렉산드라에게 결혼식은 형식적인 것일 뿐 중요한 게 아니었다.

"이대로 이렇게 둘이 행복하게 사는데 무슨 결혼식이 필요하겠어요."

디벤코는 고개를 가로저었다. 무죄로 풀려나온 디벤코는 알렉산드라와 결혼하고 싶었다. 감방에서 홀로 밤을 새면서 디벤코는 알렉산드라가 자신에게 얼마나 소중한 존재인지 뼈저리게 느꼈다. 그동안 두 사람은 동거를 하고 있었지만 정식으로 모든 이들에게 인정받는 행복한 생활을 하고 싶었다.

"전 결혼이라는 제도에 얽매여서 자유를 잃고 싶지 않아요."

디벤코는 알렉산드라가 얼마나 의지가 강하고 고집이 센지 알고 있었다. 한 번 결정한 뜻은 절대 번복하지 않았다.

"좋소. 하지만 나도 고집이라면 당신만큼이나 센 사람이오."

디벤코는 반지를 상자에 넣으며 기다리겠다고 했다.

"언젠가 당신이 내 청혼을 받아들일 때까지 반지를 보관하겠소."
알렉산드라는 고개를 끄덕이며 디벤코의 손을 잡았다.

독일과의 전쟁이 진행되는 동안 내전은 더욱 격화되었다. 러시아 황제를 지지했던 백군은 곳곳에서 소비에트 정부에 대항하며 반란을 일으켰다. 그들은 독일을 비롯한 다른 유럽 국가들의 지원을 받으며 더욱 강력해졌다. 볼셰비키의 적군은 백군을 맞아 힘겨운 싸움을 이어가고 있었다.

러시아 젊은이들은 백군과 적군으로 나뉘어 군대에 징발되었다. 도시에서는 배급이 일상화되었다. 당 위원회의 회의도 매일 이어졌다. 알렉산드라는 전쟁에서 소외받는 여성들과 아이들을 보호하기 위해 최선을 다했다.

"내전 중에 갈 곳 없는 여자들과 부모를 잃은 아이들은 국가가 돌봐야 합니다."

회의에 참석한 대부분의 위원들은 알렉산드라의 의견에 공감했다.

"맞는 말이오. 우리가 싸우는 이유는 가족을 지키기 위해서요."

"비록 적일지라도 백군의 어머니와 아내들에게도 같은 혜택을 주어야 합니다."

하지만 이번에는 알렉산드라에 동조하지 않는 의견이 많이 나왔다.

"우리도 먹고 살기 힘든 판에 무슨 백군 가족들을 챙긴단 말이요."

"아무리 그래도 적의 식구들까지 도울 수는 없소."

반대가 만만치 않았다. 하지만 알렉산드라는 자신의 의견을 굽히지 않았다.

"전쟁터에서 백군은 우리들의 가족들마저 적으로 간주합니다. 하지만 우리들은 버려진 백군의 가족들을 보호할 것입니다. 과연 어느 군대가 강한 군대로 보이겠습니까?"

묵묵히 듣고 있던 레닌이 박수를 쳤다.

"콜론타이 동지의 말이 맞소. 그렇게 한다면 인민들은 백군보다 우리 적군을 더 지지할 것이오."

알렉산드라의 주장은 당내에 논쟁과 소란을 불러 일으켰다. 하지만 레닌은 알렉산드라의 의견을 지지했다. 이 의견으로 알렉산드라는 많은 이들의 존경을 받게 되었다.

정식 회의가 끝나고 쉬는 시간이었다. 차를 마시며 쉬고 있는 알렉산드라에게 누군가 문제를 제기했다.

"디벤코 해군 장관이 무죄를 선고받는 데 콜론타이 동지가 힘을 써 줬다는데 그게 사실이오?"

쉬고 있던 위원들의 눈이 일제히 알렉산드라를 향해 쏠렸다. 알렉산드라는 고개를 끄덕였다.

"저는 변호사를 도와줬을 뿐입니다. 무죄 판결은 최종적으로 사법관이 내렸습니다."

위원들 모두는 알렉산드라와 디벤코가 서로 같이 살면서 사랑하는 관계라는 것을 알고 있었다. 알렉산드라는 모두들에게 교제 사실을 숨기지 않았고 당당했다.

"그리고 사랑하는 사람이 어려움에 처해 있을 때 위원님들은 돕지 않나요?"

알렉산드라의 반론에 문제를 제기했던 위원은 입을 다물었다. 레닌은 흥미롭다는 눈길로 알렉산드라를 보았다.

"하지만 콜론타이 동지, 연애와 정치를 혼동해서는 안 되오."

알렉산드라는 이전부터 사적인 자리나 공적인 자리 모두에서 공공연하게 자유연애를 주장했다. 결혼이라는 제도에 얽매이지 않고 사랑하는 사이라면 자유롭게 연애를 하라고 권했다. 그녀의 이러한 주장은 당시 러시아 젊은이들의 열광적인 지지를 받았다. 레닌 역시 이를 잘 알고 있었고, 자유연애론이 젊은 당원들의 정치 의식을 약화시키는 것을 염려했다. 레닌은 알렉산드라에게 주의를 주었다.

"정치에 연애 감정이 끼어들면 신뢰감이 떨어지오."

"목이 마르면 물을 마시듯 우리는 자연스럽게 연애를 할 수 있습니다. 정치도 마찬가지로……."

알렉산드라는 레닌의 말에 즉각 반박했다. 하지만 레닌이 중간에 말을 끊으며 끼어들었다.

"아. 또 그 물 한잔 이론이오?"

레닌은 알렉산드라의 자유연애론을 물 한잔 이론이라고 말하곤 했다. 알렉산드라가 늘 자신의 자유연애론을 목이 마를 때 마시는 물 한잔에 비유했기 때문이다. 하지만 레닌은 알렉산드라의 의견에 동의하지 않았다.

"아무리 목이 마르더라도 아무 물이나 먹을 수는 없지 않소. 시궁창 물을 먹을 수 있겠소?"

하하하하하!

레닌이 말이 끝나기 무섭게 의원들이 커다랗게 웃었다.

위원들의 웃음소리에 알렉산드라는 기분이 상했다. 그녀는 즉각 반박하려고 했지만 이때 알렉산드라 옆으로 누군가 다가와 앉았다. 스탈린이었다. 스탈린은 무표정한 얼굴로 알렉산드라에게 물었다.

"어떻게 디벤코 같은 무식한 뱃놈을 사귀게 되었소?"

알렉산드라는 속으로 불쾌했지만 디벤코에 대한 솔직한 감정을 털어놨다.

"디벤코를 만나는 것은 언제나 기쁜 일이에요. 그와 헤어져 있는 게 참을 수 없을 정도죠."

"나로서는 도저히 이해 못 할 감정이로군."

철의 인간으로 불리는 스탈린은 좀처럼 감정 표현이 없었다. 피도 눈물도 없는 냉혈한으로 통하는 스탈린은 알렉산드라가 연하의 남자를 사귀는 것 자체가 이해가 가지 않았다.

"그는 당신보다 한참이나 어리지 않소?"

"사랑받는 동안 저는 젊어지고, 내가 그를 사랑하는 동안 그는 성숙해지지요."

알렉산드라는 웃는 얼굴로 대답했다. 스탈린은 알렉산드라의 말을 곰곰이 생각하는 듯했다.

"나 같으면 도움이 되는 사람을 사귀겠소. 하여간 이 연애는 디벤코에게만 좋은 일이요."

스탈린은 비아냥인지 충고인지 알아듣기 힘든 말을 남기고 자리를 떴다. 레닌, 스탈린처럼 대부분의 중앙위원들은 알렉산드라와 디벤코의 관계를 좋게 보지 않았다. 한쪽은 자유연애를 주장하는 아이를 둔 이혼녀이고 다른 한쪽은 그보다 훨씬 나이가 어리고 사고뭉치인 미혼 군인이다. 두 사람이 결혼을 하지 않고 동거를 하고 있으니 다들 한마디씩 수군거리기 일쑤였다. 남의 눈을 의식하지 않고, 눈치를 보지 않는 알렉산드라도 슬슬 질리기 시작했다.

그러던 어느 날이었다. 디벤코에게 보름 후 발틱 함대를 이끌고 우크라이나 흑해로 떠나라는 출동 명령이 떨어졌다. 이번에는 우크라이나를 점령한 독일군과 이에 협력하는 백군을 물리치라는 명령이었다. 독일군과 백군이라는 두 개의 적을 동시에 상대해야 하는 위험한 임무였다.

그날 밤, 알렉산드라와 마주보고 앉은 디벤코는 진지한 얼굴이었다. 벽난로에서는 장작이 빨갛게 타올랐고 두 사람은 포도주 잔을 기울였다. 보름 후면 떠나야 한다는 생각에 디벤코의 마음은 무거웠다.

"비록 러시아 혁명은 성공했지만 우리는 언제 죽을지 모르는 시대에 살고 있소."

알렉산드라 역시 전쟁의 참혹함을 그 누구보다도 잘 알고 있었다. 디벤코는 알렉산드라 앞으로 전에 보았던 반지 상자를 꺼내 보였다. 그는 안타까운 얼굴로 말했다.

"결혼을 안 해도 좋으니 이 반지를 받아 주시오."

알렉산드라는 디벤코가 들고 있는 반지를 물끄러미 바라봤다. 알렉산드라가 가만히 있자 디벤코는 간청했다.

"제발 부탁이요. 이 반지만이라도."

디벤코가 사정하자 알렉산드라는 일단 반지를 받았다. 디벤코는 알렉산드라와의 불가능한 결혼을 꿈꾸며 푸념했다.

"우리가 결혼한다면 죽을 때까지 함께 있을 거요. 하지만 결혼하지 않는다면 언제 헤어질지 모르잖소. 그때까지 이 반지만이라도 껴주시오."

순간 알렉산드라는 마음속으로 전기가 통하는 듯 찌르르한 감정을 느꼈다. 디벤코의 진실한 마음이 느껴졌기 때문이다. 알렉산드라는 에메랄드 반지를 손가락에 꼈다. 알렉산드라의 손가락 위에서 반지는 아름다운 빛깔을 내뿜으며 반짝였다. 손가락을 쫙 펴 보이며 알렉산드라는 반지를 바라봤다. 디벤코 역시 기쁜 얼굴로 이를 바라봤다. 순간 알렉산드라가 손가락에 꼈던 반지를 빼내서 다시 디벤코에게 내밀었다.

'반지를 끼는 것조차 싫단 말인가?'

디벤코는 곧바로 실망한 얼굴이 되었다. 그러자 알렉산드라가 생각지도 못했던 말을 했다.

"파벨, 좋아요. 당신 소원을 들어줄게요."

순간, 디벤코는 자신의 귀를 의심했다. 하지만 알렉산드라는 반지를 디벤코의 손에 쥐어주며 환한 얼굴로 말했다.

"반지는 결혼식 날 나에게 주세요."

"정말 나랑 결혼을 하겠다는 거요?"

"보름 후면 우크라이나로 떠나야 하니 될 수 있으면 빨리 식을 올려요."

한번 결심한 이상 알렉산드라는 결혼식을 서둘렀다. 얼굴 가득 웃음을 머금은 디벤코에게 알렉산드라는 결혼에 앞서 한 가지 조건을 내걸었다.

"대신 혼인 등록은 하지 않는 걸로 해요. 그냥 결혼식만 올려요."

"좋소. 그깟 법적인 절차가 뭐 중요하겠소."

알렉산드라는 디벤코의 끈질긴 구애에 마침내 혼인 등록을 하지 않는 조건으로 결혼을 허락했다.

결혼식은 열흘 후, 페테르부르크 분수대 광장에서 치러졌다. 소비에트 러시아에서 새롭게 생긴 시민 결혼식이었다. 이전 결혼식은 반드시 성당에서 신부님이 참석하는 가운데 올릴 수 있었다. 하지만 시민 결혼식은 증인 한 사람만 있다면 언제 어디서든 가능했다. 시민 결혼식은 소비에트 정권이 들어서면서 새롭게 생긴 결혼제도였다.

알렉산드라와 디벤코는 아는 사람을 부르지 않고 조용히 결혼식을 치르기로 했다. 대신 증인으로는 알렉산드라의 단짝 친구 조야가 참석했다. 신랑 측 증인으로는 디벤코의 부하 수병들이 참석했다. 디벤코는 결혼식에 가까운 심복 부하 몇 명만 불렀지만 어느새 소문이 퍼졌는지 광장 한쪽은 발틱 함대 수병들로 가득 차 있었다.

결혼식이 진행되는 가운데 드레스를 입고 꽃을 든 알렉산드라 곁으로 조야가 다가왔다. 조야는 알렉산드라의 귀에 대고 조용히 물었다.

"다신 결혼을 하지 않겠다고 했잖아?"

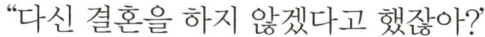

조야가 짓궂은 질문을 하자 알렉산드라는 환한 웃음으로 대답을 대신했다. 조야는 다짐이라도 받겠다는 듯 또 물었다.

"결혼으로 네 자유를 방해 받아도 괜찮겠어?"

"응. 후회하지 않을 거야."

알렉산드라의 대답에 조야는 고개를 끄덕였다. 알렉산드라의 곁에서 떨어진 조야는 모든 사람이 다 들으라는 듯 큰소리로 외쳤다.

"증인으로서 두 사람의 성스러운 결혼이 이뤄졌음을 선언합니다."

훈장을 단 화려한 군복 차림의 디벤코가 알렉산드라 옆으로 다가갔다. 한쪽 무릎을 꿇은 디벤코는 알렉산드라의 손에 에메랄드 반지를 끼워주었다. 두 사람의 가벼운 입맞춤과 함께 힘찬 박수 소리가 터져나왔다. 수병들은 일제히 공중을 향해 총을 쏘면서 두 사람의 결혼을 축하했다.

 알렉산드라와 디벤코는 서로 손을 맞잡고 수병들이 양쪽에서 칼을 들고 서 있는 가운데로 걸어 나왔다. 한때 두 사람은 혁명이 실패할 경우 함께 교수대에 오를 각오도 했었다. 그러나 혁명은 성공했고 이제 두 사람은 결혼식까지 올렸다. 수병들은 어느새 폭죽을 터뜨렸다.

 마지막으로 알렉산드라와 디벤코는 행복을 상징하는 비둘기 한 쌍을 공중을 향해 날려 보냈다. 비둘기 두 마리가 창공을 가르며 광장을 향해 날아갔다.

 결혼식 후 알렉산드라와 디벤코는 자작나무가 빽빽한 휴양림에서 신혼을 보냈다. 그리고 이틀 후, 디벤코는 발틱 함대원들을 이끌고 전투가 벌어질 우크라이나로 향했다.

 1919년 독일군과 싸운 디벤코는 우크라이나를 점령했다. 승리한 디벤코와 그의 부대원들은 우크라이나에 소비에트사회주의공화국을 선포했다. 하지만 공격보다 어려운 것이 수비였다. 이후 크고 작은 전투에서 많은 병력을 잃은 디벤코는 러시아로 후퇴해야 했다. 우크라이나에서 돌아온 디벤코에게 알렉산드라는 공부를 하라고 충고했다.

 "군대를 잘 지휘하고 전쟁에서 승리하기 위해서는 공부가 필요해요."

 군사들을 이끌면서 디벤코 역시 지휘관이 되려면 체계적인 훈련이 필요하다는 것을 느끼고 있었다. 하지만 공부라면 어렸을 때부터 담을 쌓고 살아온 터라 디벤코는 글은커녕 지도조차 머리가 어지러워서 제대로 보지 못했다.

"창피하지만 난 초등 교육도 제대로 받지 못했소. 이제 와서 어떻게 공부를 하란 말이오?"

"붉은 군대 아카데미에 들어가면 돼요."

모스크바에 세워진 붉은 군대 아카데미는 장교들을 위한 군사 교육 기관이었다.

"당신이 공부하는 걸 제가 옆에서 도와줄게요."

결국 우크라이나에서 돌아온 디벤코는 모스크바의 붉은 군대 아카데미에 들어갔다. 이전 해에 러시아의 수도는 페테르부르크에서 모스크바로 옮겨진 터라 알렉산드라는 디벤코를 따라서 모스크바로 함께 이사를 갔다.

붉은 군대 아카데미에 들어간 디벤코는 군사학교 수업을 받으면서 따로 알렉산드라에게도 수업을 받았다. 알렉산드라는 디벤코에게 러시아어 쓰기와 읽기부터 기초적인 수학까지 처음부터 가르쳤다. 디벤코는 수업을 받은 지 얼마 뒤 37사단의 지휘관이 되었다.

"나중에 최고의 지휘자가 되려면 자신의 이름으로 쓴 회고록이 필요해요."

"회고록이라니?"

"당신이 겪고 살아온 이야기들을 적은 책 말이에요."

알렉산드라의 말에 디벤코는 깜짝 놀랐다.

"여태 당신이 많은 것을 가르쳐줘서 열심히 배웠지만 난 책을 쓸 정도의 실력은 없소."

"내가 도와줄 테니 걱정 마세요."

이후 디벤코는 혁명 관련 서적과 회고록을 발표했다. 디벤코의 이름으로 출판되었지만 알렉산드라의 도움이 없었더라면 나오기 힘들었을 책들이었다.

군사 아카데미를 다니던 디벤코의 과제와 논문 역시 알렉산드라가 도와줬다.

"다음에는 아카데미에서 군대를 개혁할 아이디어를 발표해야죠."

알렉산드라는 자신의 관찰로 본 군대의 문제점을 아이디어로 해결했다. 알렉산드라는 구체적인 군대 생활이나 부대 상황 등 자신이 모르는 것은 디벤코에게 물어봤다. 군대 개혁 아이디어는 디벤코가 발표했지만 이 역시 알렉산드라의 도움이 컸다.

"역시 알렉산드라와 결혼한 건 정말 잘한 일이었어."

디벤코는 알렉산드라의 도움으로 붉은 군대 아카데미에서 우수한 성적을 유지할 수 있었다. 아카데미 성적은 군대 내 진급에도 영향을 미쳤다. 성적이 우수했던 디벤코는 학년이 높아질수록 군대 지위가 올라갔다. 그럴수록 알렉산드라에 대한 디벤코의 애정은 더욱 깊어졌다.

1920년 9월, 알렉산드라는 제노텔의 장관이 되었다. 러시아 최초의 여성부 장관이 된 것이다. 알렉산드라만큼이나 디벤코도 기뻐했다.

디벤코에게는 이 모든 것이 만족스러웠다.

"더 이상 바랄 게 없군."

하지만 디벤코의 흡족한 마음과는 달리 알렉산드라는 시간이 갈수록 제노텔 업무가 마음에 들지 않았다.

제노텔은 알렉산드라가 혁명 초기에 설립을 주장했던 여성 문제 전담 기구였다. 여성의 사회적 참여와 권리를 늘려 여성 문제를 해결하기 위한 부서였지만 내전이 길어지면서 제노텔 소속의 여성 노동자들은 부상병 치료나 군인들의 지원 물품을 만들기 위해 병원이나 공장으로 불려 다녔다. 이 사실을 안 알렉산드라는 중앙위원회 회의에서 화를 냈다.

"제노텔은 여성들에게 일을 시키는 기구가 아닙니다."

회의장의 분위기는 싸늘하게 가라앉았다. 레닌과 스탈린은 묵묵히 알렉산드라의 이야기를 들었다. 알렉산드라는 모든 중앙위원들을 쏘아보며 말했다.

"더 이상 제노텔을 통해 여성 노동자들을 동원하지 마세요."

"내전 상황에서 그게 무슨 말이오?"

적군의 총지휘자인 트로츠키가 황당해 하며 물었다.

"내전 상황이든 어떤 상황이든 제노텔의 책임자는 나 알렉산드라 콜론타이예요. 제 허락 없이 여성들에게 일을 시키지 마세요. 그건 제노텔의 자율성을 흔드는 겁니다."

이어서 알렉산드라는 제노텔은 단순히 당 조직의 아래에 있는 조직

이 아니라고 강하게 주장했다. 이에 트로츠키는 뒷머리에 깍지를 낀 채 레닌을 바라봤다. 레닌은 불편한 기색이 역력했고, 레닌 옆에 앉아 있던 스탈린만이 무표정한 얼굴이었다.

"말 나온 김에 한 가지 더 말하겠어요."

알렉산드라는 거침없이 자신의 의견을 피력했다. 다들 알렉산드라가 또 무슨 말을 하려는지 궁금해 하면서도 당의 총 책임자인 레닌의 눈치를 보았다. 알렉산드라가 레닌을 가리키면서 말했다.

"레닌 동지는 왜 노동조합에 경영권을 주지 않는 거죠?"

알렉산드라는 레닌이 노동조합의 자율성을 인정하지 않는다고 비판했다. 레닌은 참을 수 없다는 듯 입을 열었다.

"그건 생산성 향상을 위해서요. 노동자들이 경영권을 갖게 되면 자기 편한 대로 일을 해서 생산성이 떨어질 수밖에 없소."

알렉산드라는 레닌을 향해 쏘아붙이듯 질문했다.

"생산성 향상은 누구를 위한 것이죠?"

"당과 인민을 위한 것이오."

"그 당과 인민들이 바로 노동자들입니다. 혁명은 성공했는데 왜 노동자들은 이전과 달라진 게 하나도 없지요?"

레닌은 고개를 가로저으며 느리고 낮은 목소리로 그렇지 않다고 대답했다. 그러자 알렉산드라 역시 지지 않고 빠르고 높은 목소리로 다시 반박했다. 두 사람의 논쟁은 좀처럼 끝날 기미가 보이지 않았다.

모두들 조용한 가운데 레닌과 알렉산드라의 설전은 계속되었다. 이때 회의실 아래쪽에는 디벤코가 앉아 있었다. 디벤코는 알렉산드라와 레닌을 번갈아 바라봤다. 디벤코의 얼굴에 수심이 가득했다.

알렉산드라와 레닌은 한 치의 양보도 없이 서로의 의견을 주장했다. 회의는 저녁 식사시간이 될 무렵에야 아무런 결론 없이 끝났다.

회의를 마치고 돌아가는 길에 디벤코는 알렉산드라에게 걱정스런 얼굴로 말했다.

"레닌은 소비에트의 최고 권력자요. 그의 의견에 계속 반대하는 것은 위험한 짓이야."

알렉산드라는 굳은 얼굴로 당당하게 대꾸했다.

"난 아무것도 무섭지 않아요."

디벤코는 이 강한 여자가 자신의 부인이라는 사실이 든든했다. 하지만 자꾸만 불안감이 드는 것도 사실이었다. 레닌의 반대편에 서면 분명 반혁명분자로 몰릴 것이다. 그것은 추운 러시아 땅에서 살 수 없다는 것과 마찬가지였다. 디벤코는 갑자기 등줄기가 서늘해지는 것처럼 오싹해졌다.

7장
날개 없는 에로스

  1921년 어느 봄날, 누군가 알렉산드라의 집 대문을 두들겼다. 문을 연 알렉산드라 앞에는 세 명의 젊은 사내들이 서 있었다. 그들은 자신들을 '노동자의 반대파'라고 밝혔다. 알렉산드라는 그들을 집안으로 들였다.

  "자세한 이야기는 안에 들어와서 하시죠."

  알렉산드라는 직접 차를 끓여 대접했다. 양복 차림에 머플러를 걸친 사내는 자신을 노조위원장이라 소개했다. 그는 노동자의 반대파에 대해서 자세히 설명했다. 노동자의 반대파는 큰 공장의 노동자들이 뭉쳐서 만든 노동조합 위주의 정치 단체였다. 이들이 주장하는 것은 노동조합의 자율성을 중시하는 알렉산드라의 의견과 같았다. 그들은 알렉산드라가 레닌에 맞서 노동조합의 편에 섰다는 소식을 듣고 찾아온 것이다.

"저희를 도와주십시오."

노조위원장 옆에 앉아 있던 사내가 이어서 말했다.

"저희에겐 콜론타이 동지와 같은 힘 있는 당 간부의 도움이 필요합니다."

알렉산드라는 팔짱을 낀 채 잠시 생각에 빠진 채로 앉아 있었다. 사내들은 모두 그녀의 결정을 기다렸다. 마침내 알렉산드라가 고개를 끄덕였다.

"좋습니다."

이렇게 해서 알렉산드라는 자신의 의견과 일치하는 노동자의 반대파 지도자가 되었다. 알렉산드라와 노동자들은 밤늦도록 토론을 하며 앞날을 계획했다.

노동자들이 집을 나설 무렵, 작전 회의 때문에 늦은 디벤코가 돌아왔다. 노동자들을 보낸 알렉산드라는 그들이 찾아온 이유를 설명했다. 디벤코는 묵묵히 이야기를 듣다가 알렉산드라가 노동자의 반대파와 손을 잡았다는 이야기에 할 말을 잃었다. 속으로는 당장이라도 그만두라고 말리고 싶었다.

아무런 말이 없었던 디벤코가 입을 연 것은 잠들기 전 침대 위에서였다. 디벤코는 알렉산드라의 머리를 쓰다듬으며 말했다.

"당신은 고집이 세니 내가 말려도 소용이 없다는 걸 알고 있소."

"내 의견을 존중해 줘서 고마워요."

디벤코는 여전히 걱정스런 얼굴이었다.

"하지만 이것만 알아두시오. 절대로 스탈린과는 논쟁을 벌이지 마시오."

"왜요?"

"레닌은 토론이 가능한 사람이지만 스탈린은 그렇지 않소."

디벤코는 용맹한 사내였지만 스탈린만큼은 두려워했다. 스탈린은 강철 인간이라는 별명에 맞게 피도 눈물도 없는 냉혈한으로 알려져 있었다.

"스탈린에겐 두 종류의 인간만이 있소. 자기 말에 복종하는 사람과 그게 아닌 사람. 복종하지 않는다면 모두 적일 뿐이오."

"걱정 말아요. 아무리 스탈린이 냉혈한이라도 나를 함부로 하지 못할 거예요."

알렉산드라는 겁이라곤 하나 없는 여장부였다. 디벤코는 그런 알렉산드라가 든든했지만 점점 알게 모르게 그런 점 때문에 감정이 식어가고 있었다. 디벤코는 돌아누우며 말했다.

"크론슈타트 해군이 반란을 일으켰소. 그들을 진압하러 떠나야 하오."

"그들은 적군 소속의 혁명군인데 어떻게 반란을 일으켰지요?"

"먹을 것이 없어서 반란을 일으켰다는군."

디벤코는 잠시 집을 떠나 멀리 떠나야 한다. 알렉산드라는 디벤코와 떨어져 살아야 하는 생활에 점점 익숙해져 갔다. 디벤코는 자신이 집을 비우는 동안 아무 일도 없길 바라며 몸을 뒤적이며 잠을 청했다.

중앙위원회 회의에 참석한 알렉산드라는 오늘도 레닌과의 논쟁을 피하지 않았다.

"레닌 동지는 당내에 언론의 자유를 허락하십시오."

"알렉산드라 동지는 하고 싶은 말을 지금처럼 다 하면서 무슨 언론의 자유를 찾으시오?"

레닌은 콧방귀를 뀌었다.

"저의 자유를 말하는 것이 아니라 언론의 자유를 말하는 겁니다."

"우리에겐 혁명에 반대하는 자들의 목소리에 귀를 기울일 시간이 없소."

알렉산드라는 집요하게 문제 제기를 했지만 레닌은 단호했다.

"누구에게나 무슨 말이든 할 자유가 있어야 합니다. 비판의 자유가 사라지면 독재가 생깁니다."

"오해 마시오. 여기에선 민주적으로 누구든 말할 권리가 있지 않소?"

레닌의 이런 발언이 있고 나자 분위기가 조금씩 바뀌기 시작했다. 알렉산드라의 발언이 줄어들면서 다른 중앙위원들의 발언이 점점 늘어났다. 또한 노동자의 반대파를 지지하는 의원들이 알렉산드라의 편을 들었다.

"콜론타이 동지의 말을 새겨들을 필요가 있습니다."

"맞습니다. 노동조합에 경영권을 줘야 합니다."

"공장의 주인은 노동자입니다. 대규모 공장에 대한 당의 간섭을 없애 주십시오."

이런 발언들이 계속되자 스탈린은 파이프 담배를 피워 물었다. 레닌은 머리가 아픈 듯 한 손으로 이마를 짚으며 인상을 찌푸렸다. 마침내 레닌이 큰소리로 말했다.

"동지들, 지금은 단합해야 할 때요."

모두들 레닌을 바라볼 때 스탈린이 이어서 입을 열었다.

"노동조합은 당의 결정을 따라야 하오. 파벌주의를 일으키는 노조는 용서하지 않겠소."

레닌은 단합을 강조했고 스탈린은 파벌주의를 추방하자고 주장했다. 파벌주의란 한 집단 내에서 자신들의 이익을 얻기 위해 무리를 지어 행동하거나 주장하는 것이다. 이러한 파벌주의는 러시아 공산당 내에서 금지된 행동이었다. 스탈린은 파벌주의의 배경에 노동자의 반대파가 있음을 직감했다.

"나는 노동조합의 자율성을 주장하는 배후에 노동자의 반대파가 있음을 알고 있소."

스탈린의 발언에 노동자의 반대파를 지지하는 위원들은 움찔했다. 그러자 알렉산드라가 나섰다.

"그게 무슨 상관입니까?"

레닌이 의심스런 눈초리로 알렉산드라를 바라봤다.

"콜론타이 동지도 노동자의 반대파요?"

"난 노동자의 반대파 소속은 아닙니다. 하지만 그들의 주장을 지지합니다."

"그리고 그들은 당신의 주장을 따르고 지지하겠지."

스탈린은 대놓고 비아냥거렸다.

사실상 알렉산드라는 노동자의 반대파로 몰렸다. 레닌은 두 손끝을 맞대고 예리한 눈빛을 빛냈다.

"그렇다면 콜론타이 동지에게 더 이상 당의 임무를 맡길 수 없소. 당장 제노텔 장관직을 그만두시오."

레닌의 명령에 회의장은 찬물을 끼얹은 것처럼 조용해졌다. 의자에서 일어선 알렉산드라는 당당하게 허리를 펴고 말했다.

"좋습니다. 이름뿐인 여성부 장관직은 저도 사양하겠습니다."

몇몇 중앙위원들은 짧게 탄식을 했다. 모든 중앙위원들의 시선이 알렉산드라에게 향했다. 알렉산드라는 자리를 뜨면서 마지막으로 발언했다.

"장관직을 그만뒀다고 제 입을 막을 수는 없을 것입니다."

회의는 다시 진행되었고 즉각 노동자의 반대파에 대한 비판이 이어졌다. 노동자의 반대파를 지지했던 중앙위원들은 모두 입을 다물었다. 그들은 자신이 노동자의 반대파로 찍히는 것이 두려웠다. 결국 노동자의 반대파는 해산시키기로 결론이 났다. 이로써 레닌과 맞섰던 알렉산드라는 커다란 지지 세력을 잃게 되었다. 물론 제노텔의 장관직까지 잃었다.

회의가 끝난 후 레닌은 스탈린을 은밀히 서재로 불렀다. 노동자의 반대파는 제거했지만 공산당 내 많은 여성 위원들이 알렉산드라를 지지하고 있었다. 당장 여성 위원들은 제노텔에서 알렉산드라를 쫓아낸 것에 대해 반대하고 나설 게 틀림없었다. 레닌은 고민 어린 얼굴로 물었다.

"콜론타이를 어떻게 했으면 좋겠소?"

잠시 생각에 잠겼던 스탈린은 굳은 얼굴로 천천히 대답했다.

"멀리 보내야죠."

레닌은 고개를 갸웃거렸다. 그러자 스탈린이 레닌의 귀에 대고 나지막한 목소리로 뭔가를 얘기했다.

1922년, 레닌의 신경제정책으로 여성 노동자의 70%가 일자리를 잃었다. 이에 가만히 있을 알렉산드라가 아니었다. 여성부 장관직에서 물러났지만 알렉산드라는 중앙위원의 자격으로 회의에 참석할 수 있었다. 회의에 참석한 알렉산드라는 레닌을 향해 물었다.

"레닌 동지의 정책 때문에 여성 노동자들이 직장을 잃었습니다. 대책은 있습니까?"

레닌은 시큰둥한 얼굴로 대답했다.

"경제가 살아나야 하오. 그나마 남성 노동자까지 직장을 잃으면 가족 전부가 굶을 것이오."

알렉산드라는 점점 관료화되고 독재적으로 변하는 공산당에 지쳐갔다.

"그럼 이 문제에 관해 아무도 책임이 없다는 건가요?"

레닌은 알렉산드라와 길게 말하고 싶지 않다는 듯 손짓을 했다.

"좋소. 그 문제라면 단둘이 얘기해 봅시다."

회의가 끝난 후, 레닌은 알렉산드라를 서재로 불렀다. 레닌은 자신의 정책에 사사건건 반대하고 나서는 알렉산드라가 부담스러웠다.

서재에서 레닌은 주로 알렉산드라의 이야기를 들으며 고개를 끄덕였다. 알렉산드라가 할 말을 다하자 레닌은 새로운 일을 제의했다. 해외에서 근무하는 것이 어떻겠냐는 것이었다.

"세계 최초의 여성 외교관이 되는 거요."

레닌의 제의한 외교관이란 임무는 알렉산드라 자신이 어린 시절부터 꿈꿔왔던 일이었다.

'드디어 어린 시절의 꿈이 이루어지는 것인가.'

알렉산드라는 갑자기 어린 시절의 추억이 떠올라 저절로 입가에 미소가 어렸다. 알렉산드라의 반응에 레닌 역시 흡족한 표정으로 웃었다. 웃는 레닌을 보면서 알렉산드라는 갑자기 정신이 번쩍 들었다.

'레닌은 분명 자신의 정책에 반대하는 나를 멀리 보내려는 거야.'

그건 사실이었다. 레닌은 부담스러운 알렉산드라를 해외로 내보내려 했다. 알렉산드라는 레닌의 웃음 속에서 이를 느낄 수 있었다.

'이건 사실상 해외 추방이나 다름없어.'

알렉산드라는 마음속으로 고개를 흔들었다.

'외교관은 꼭 해보고 싶은 직업이었지만 이런 식으로 떠나고 싶지는 않아.'

대답이 없이 고민에 빠진 알렉산드라를 레닌은 의아하다는 듯 바라봤다. 알렉산드라는 짧은 시간 동안 많은 복잡한 생각이 들었다.

'하지만 여기서 외교관 임명을 거부한다면?'

알렉산드라는 결국 답을 찾지 못했다. 그녀는 속마음을 감추고 부드럽게 웃었다.

"좀 더 생각할 시간을 주세요."

레닌은 고개를 끄덕였다.

"혁명 전 미국에 갔던 당신이 기억나오. 외교관 임무는 당신에게 잘 맞을 거요."

마지막 레닌의 말은 거짓말이 아니었다.

집으로 돌아온 알렉산드라는 많은 생각에 빠졌다.

외교관직을 받아들인다면 또 한 가지 문제가 생긴다. 남편 디벤코였다.

알렉산드라는 문득 빈 침대를 내려다봤다. 오늘도 디벤코는 집을 비우고 군부대가 주둔하고 있는 우크라이나로 가 있었다. 벌써 디벤코와 결혼한 지도 5년의 시간이 지났다.

군인인 디벤코는 전란으로 집을 비우고 지방 곳곳으로 떠돌아다니는 시간이 많았다. 갈수록 두 사람이 함께 하는 시간이 줄어드는데 자신마저 외교관이 되어 해외로 나간다면 결혼 생활이 제대로 유지될지 알 수 없었다. 디벤코가 군에서 제대하지 않는 이상 함께 외국으로 나갈 수도 없다.

'만약 내가 외교관이 된다고 한다면 그는 뭐라고 할까?'

알렉산드라와 헤어지는 걸 원치 않는 디벤코가 반대할 수도 있다. 자신도 쫓기듯 외국으로 가는 건 원치 않았다. 하지만 외교관이 되는 것은 오랜 꿈이었다. 알렉산드라는 디벤코와 함께 갈 수 있는 방법까지 궁리했다. 고민 끝에 알렉산드라는 이렇게 생각했다.

'그래. 직접 만나서 물어보자.'

알렉산드라는 머리도 식힐 겸 우크라이나로 향했다.

우크라이나로 향하는 열차 안에서 알렉산드라는 오랜만에 마음이 편해지는 걸 느꼈다. 중대한 결심을 앞에 두고 있었지만 창밖의 풍경은 한가롭기만 했다. 해외 생활도 어쩌면 이렇게 여행을 떠나는 것처럼 편할지도 모른다는 생각이 들었다.

우크라이나 흑해 연안 항구 도시 오데사는 아름다웠다. 갈매기가 나는 항구에는 거대한 전함들이 정박해 있었다. 알렉산드라는 디벤코의 함선을 찾아갔으나 그를 만날 수 없었다. 알렉산드라는 함선의 위병에게 자신의 신분을 밝히고 디벤코를 찾았다.

"함장님은 지금 별장 숙소에 계십니다."

어린 수병이 디벤코를 불러오겠다고 일어섰지만 알렉산드라가 손을 내저었다. 자신이 여기까지 온 사실을 알리지 않았기에 디벤코를 깜짝 놀라게 해주고 싶었다.

"됐어요. 제가 직접 찾아갈게요."

위병은 디벤코가 머무르고 있는 숙소를 가르쳐줬다. 숙소는 항구의 가까운 언덕 위에 있었다. 바다가 한눈에 내려다보이는 곳에 위치한 하얀 지붕의 별장은 그림처럼 아름다웠다. 별장에 가까이 다가갈수록 알렉산드라의 가슴은 뛰었다.

'내가 여기까지 온 걸 알면 얼마나 깜짝 놀랄까?'

알렉산드라는 한시라도 빨리 디벤코의 넓은 가슴에 안기고 싶었다.

그때 별장 문이 열리면서 디벤코가 나왔다. 디벤코를 발견한 알렉산드라는 그를 놀래켜 주고 싶은 마음에 옆에 선 나무 뒤로 몸을 숨겼다. 알렉산드라는 몰래 디벤코 뒤로 가서 그를 안아 줄 생각을 하며 웃음을 지었다.

이때 디벤코 뒤로 아름다운 아가씨가 따라 나왔다. 어려 보이는 얼굴에 금발 머리, 허리는 가늘었고 키는 늘씬했다. 나무 뒤에서 웃고 있던 알렉산드라의 얼굴이 순간 굳어졌다. 알렉산드라는 지금 눈앞에서 벌어지는 일을 믿을 수가 없었다.

"빨리 오세요. 저 혼자 있기 심심해요."

아가씨는 디벤코의 목에 매달리며 그의 뺨에 뽀뽀를 했다. 디벤코는 아가씨를 꽉 껴안고는 활짝 웃으며 대답했다.

"금방 올게. 나도 지금 가기 싫은 걸 억지로 가는 거야."

디벤코가 아가씨를 그윽한 눈길로 바라봤다. 아가씨는 까치발을 하며 디벤코에게 매달렸다. 두 사람의 입맞춤은 오래 계속되었다. 이를 지켜보던 알렉산드라는 얼어붙은 듯 꼼짝을 하지 않았다.

디벤코는 별장 앞에 세워진 차에 올랐다. 아가씨는 그를 향해 손을 흔들었다.

"사랑해요, 파벨."

"나도 사랑해, 나타샤."

디벤코는 차를 타고 떠났다. 알렉산드라는 현기증을 느끼며 한 손으로 나무를 짚었다. 당장이라도 쓰러질 것 같았다. 잠시 눈을 감고 숨을 고르며 알렉산드라는 마음을 안정시켰다. 눈으로 직접 본 장면이었음에도 믿을 수가 없었다.

알렉산드라는 별장 앞을 서성이던 아가씨 앞으로 다가갔다. 억지로 웃으려고 했지만 마음대로 되지 않았다.

"이 별장은 붉은 군대의 재산이오. 아가씨는 누구 허락을 받고 여기

있지?"

"저는 디벤코 사령관의 애인이에요. 뭐 잘못된 거라도 있나요?"

아가씨는 알렉산드라의 말투를 듣고 공산당에서 파견된 당원으로 생각했다.

디벤코의 애인이라는 말에 알렉산드라는 허탈해했다. 더 이상 확인할 것이 없어졌다. 알렉산드라가 멍한 얼굴로 서 있자 아가씨는 고개를 갸웃거리며 물었다.

"그러는 당신은 누구세요?"

"난 디벤코의 부인이야."

알렉산드라는 희미하게 웃으며 대답했다. 아가씨는 화들짝 놀라며 침을 삼켰다. 알렉산드라는 돌아서면서 차갑게 말했다.

"하지만 이제부터는 아니지."

알렉산드라는 기차역으로 향했다. 다시 열차를 타기 위해서는 항구의 해군 본부 앞을 지나야 했다. 알렉산드라가 해군 본부 앞을 지나쳐 걸어갈 때였다. 차에 탄 디벤코가 알렉산드라의 옆으로 다가왔다. 디벤코는 함대의 위병들로부터 알렉산드라가 왔다는 소식을 전해 듣고 그녀를 찾기 위해 나선 길이었다. 차를 세운 디벤코가 황급히 뛰어 내렸다. 디벤코는 두 팔을 벌리고 환하게 웃으며 말했다.

"아니, 알렉산드라! 여긴 웬일로 연락도 없이 왔소?"

알렉산드라는 디벤코를 올려다보면서 차갑게 말했다.

"당신 애인을 보러 왔죠."

디벤코는 제자리에 멈춰 섰다. 그리고 재빨리 사태를 파악했다. 조금 전에 디벤코는 함대의 위병으로부터 알렉산드라가 자신을 만나기 위해 별장으로 향했다는 보고를 들었다. 그렇다면 별장에 갔다가 나타샤를 만난 게 틀림없었다.

"봤으니 이젠 가겠어요."

"알렉산드라, 잠깐만 내 말을 들어봐."

돌아서서 기차역으로 향하려는 알렉산드라를 디벤코가 잡았다.

"무슨 말?"

디벤코는 어색한 상황을 넘어가기 위해 짐짓 웃음을 지으며 변명했다.

"당신과 오래 떨어져 있다 보니 나도 자유롭게 연애가 하고 싶어졌을 뿐이야."

알렉산드라의 물 한잔 이론을 빗대서 디벤코는 농담을 했다.

"당신 말처럼 목이 말라서 물을 찾듯이 연애를 한번 해봤소."

하지만 이 농담은 알렉산드라의 감정을 더욱 불쾌하게 만들었다. 알렉산드라는 마치 찬물을 뒤집어 쓴 것처럼 모욕을 받은 느낌이었다.

"더 이상 당신 얘기를 들을 필요가 없겠군요."

알렉산드라의 마음 속 깊은 곳에서 5년간의 결혼 생활이 얼음장처럼 깨지는 소리가 울려 퍼졌다. 알렉산드라는 기차역까지 쫓아온 디벤코에게 한 마디를 남기고 떠났다.

"우리 결혼은 무효예요."

오데사를 떠나는 알렉산드라에겐 올 때 보았던 차창 너머의 아름다운 풍경은 더 이상 보이지 않았다.

모스크바로 돌아온 알렉산드라에게 디벤코가 편지를 보내왔다. 편지 안에는 결혼생활에 대한 불만과 푸념이 길게 적혀 있었다. 그러면서도 자신이 오데사에서 피운 바람에 대해서는 오해라고 변명을 했다. 또한 물 한잔 이론을 빗대 농담을 한 것에 관해서는 사과를 했다. 마지막에는 이런 일로 관계를 끊는 것은 불공평한 일이라며 알렉산드라를 원망했다.

편지를 다 읽은 알렉산드라는 벽난로 속으로 편지를 던져버렸다. 알렉산드라는 벽난로 속에서 순식간에 타버리는 편지를 보면서 생각에 빠졌다.

'난 날개 달린 에로스를 원했는데 이건 아니야.'

알렉산드라가 원한 것은 친구와 같은 사랑이었다. 동료애를 바탕으로 한 사랑만이 진정한 사랑이고 그것이 바로 알렉산드라가 생각하는 날개 달린 에로스였다.

순간적인 쾌락만을 추구하는 사랑, 친한 친구를 아프게 하고 희생만 강요하는 사랑은 사랑이 아니다. 디벤코는 바람을 피워 가장 가까운 친구인 부인을 배신했다. 그것은 날개 없는 에로스라고 알렉산드라는 생각했다.

'더 이상 날개 없는 에로스로 결혼 생활을 유지할 수는 없어.'

알렉산드라는 디벤코를 더 이상 진정한 동료가 아니라고 생각했다.

우정처럼 변하지 않는 진정한 친구를 만나길 원했지만 그런 사랑은 이루어지지 않았다.

며칠 후에도 디벤코에게서 편지가 또 왔다. 하지만 이번에는 봉투도 열어보지 않았다. 알렉산드라는 디벤코가 보내온 편지를 보지도 않고 태워버렸다.

알렉산드라는 가능한 한 빨리 디벤코와 떨어지고 싶었다. 알렉산드라는 붉은 광장 건너편에 있는 두마 의회실로 레닌을 찾아갔다.

"외교관직을 받아들이겠어요."

레닌은 몹시 흡족한 얼굴로 고개를 끄덕였다.

"잘 선택했소."

"하루빨리 해외로 나갔으면 좋겠어요. 지금 당장이라도 좋아요."

알렉산드라는 서둘렀고 그것은 레닌도 원하는 바였다.

"알았소. 최대한 빨리 조치를 내리겠소."

레닌은 1922년 10월에 알렉산드라를 노르웨이 대사로 임명했다. 알렉산드라에게는 세계 최초의 여성 대사라는 명예가 주어졌다. 하지만 어떤 면에서는 추방이었고 도피였다. 그러나 동시에 알렉산드라에게는 새로운 선택이자 꿈의 실현이었다.

대사로 임명을 받고 노르웨이로 떠나기 전이었다. 알렉산드라는 집에서 짐을 정리하고 있었다. 세 명의 수병들이 밤중에 찾아와 문을 두들겼다. 보나마나 디벤코가 보낸 수병이라는 것을 알 수 있었다.

7 날개 없는 에로스

알렉산드라는 문을 열어주지 않았다. 하지만 수병들은 부서져라 문을 두들겼고 결국 문을 열어줄 수밖에 없었다. 알렉산드라는 화가 난 얼굴로 소리쳤다.

"지금 뭐하는 짓들인가?"

우락부락하게 생긴 수병들은 술에 취해 있었다. 그들은 알렉산드라의 예상대로 디벤코가 보낸 부하 해군들이었다. 그중 제일 계급이 높은 고참 수병 하나가 앞으로 나섰다.

"저희 대장님과 헤어지시기로 했다는 거 다 알고 왔습니다."

"그래서?"

술에 취한 수병들이 돌아가면서 한 마디씩 했다.

"대장님은 지금 무척 상심하고 계십니다. 저희랑 함께 가시죠."

"지금이라도 만나 뵙고 오해를 풀고 싶어 하십니다."

"부탁입니다. 다시 대장님과 함께 예전처럼 행복하게 사세요."

알렉산드라는 손을 내저으며 안으로 들어오려는 수병들을 제지했다.

"이런 게 안 통한다는 건 너희들보다 그가 더 잘 알 거야."

"대장님이 기다리십니다. 저희랑 같이 가시죠."

하지만 수병들은 쉽게 물러나지 않았다.

"다들 제정신이 아니군."

디벤코는 분명 알렉산드라가 동행을 거절할 것을 알고 수병들에게 또 다른 명령을 내려 놓았다. 고참 수병이 위협적인 말투로 말했다.

"죄송합니다. 대장님이 납치를 해서라도 모시고 오라고 했습니다."

"나는 해외주재 외교관으로 임명됐다. 나를 납치하면 너희들이 책임져야 해."

알렉산드라는 팔짱을 낀 채 수병들을 타일렀다.

"저희는 그런 거 모릅니다. 대장님의 명령만 따를 뿐입니다."

말이 안 통하는 상황이었다. 알렉산드라가 뒷걸음질을 하자 수병들이 따라 집 안으로 들어왔다. 알렉산드라는 벽장으로 향하며 말했다.

"모두 군법회의에 회부하기 전에 돌아가라."

고참이 눈짓을 보이자 두 명의 수병이 알렉산드라를 향해 다가갔다.

"대장님은 목숨을 걸고 부인을 사랑하십니다. 어서 같이 가시죠."

알렉산드라는 재빨리 벽에 걸려 있던 디벤코의 소총을 잡아들었다. 알렉산드라는 수병들을 향해 총을 겨누었다.

알렉산드라의 기세에 다가가던 수병들이 멈춰 섰다. 수병들이 멈칫하는 사이에 알렉산드라는 천장을 향해 총을 발사했다. 커다란 폭음이 울리자 수병들은 깜짝 놀랐다.

"돌아가서 내 말을 전해. 목숨을 걸었다면 죽으라고 해."

알렉산드라는 맨 앞에 선 수병을 향해 소총을 정조준했다. 금방이라도 방아쇠를 당길 기세였다. 실내에는 화약 냄새가 가득했다. 어느새 수병들은 질린 얼굴로 도망쳤다.

노르웨이 하늘은 비록 회색빛이었지만 공기는 무척 맑았다.

알렉산드라는 정부의 정식 대사 발령을 기다렸다. 그동안 숙소를 정하고 여유롭게 하루하루를 보냈다.

 레닌 정부에서처럼 매일 매일 지겨운 회의를 할 필요도 없었다. 마음 속 한쪽에 자리 잡았던 디벤코에 대한 생각도 점점 흐려져 갔다. 알렉산드라는 거리를 쏘다니거나 노천카페에서 커피를 마시며 시간을 보냈다. 혼자서 홀가분하게 보내는 시간들이 자유롭게 느껴졌다.

 그러던 어느 날, 우크라이나에서 전보가 한 통 날라 왔다. 발틱 함대 사령부에서 온 전보였다. 전보에는 짧은 내용이 적혀 있었다.

 〈급! 사령관 파벨 디벤코 동지 자살 시도.〉

 전보를 든 알렉산드라의 손이 부르르 떨렸다. 다행히 죽지는 않은 모양이었다. 그러나 전보에는 알렉산드라에게 빨리 와 달라는 부탁이라거나 그가 왜 자살을 시도했는지에 대한 자세한 내용은 적혀 있지 않았다. 아무리 생각해도 거짓은 아니었다.

 알렉산드라는 전에 집에 찾아온 수병들을 내쫓을 때 자신이 했던 말이 기억났다. 그때 알렉산드라는 디벤코에게 죽으라고 악담을 했다. 알렉산드라는 디벤코의 자살 시도가 마치 자기 잘못인 듯 가슴이 아파왔다. 알렉산드라는 확신했다.

 '디벤코는 아직도 나를 못 잊고 사랑하고 있구나.'

 알렉산드라는 당장이라도 어찌된 영문인지 자세히 알아보고 싶었다. 하지만 알렉산드라의 몸은 먼 북구의 노르웨이에 있었다.

8장
청어를 사는
최초의 여성 외교관

　노르웨이 대사관에 출근한 알렉산드라는 다시 디벤코에 대한 생각에 빠졌다.

　디벤코의 자살 시도 내용이 적힌 전보가 온 지도 벌써 한 달이 지났다. 그 전보는 잊고 있던 디벤코에 대한 감정을 다시 되살렸다. 알렉산드라는 진심으로 디벤코가 걱정되었다. 그러던 차에 비서가 편지 한 통을 전해 주었다.

　"콜론타이 대사님, 편지가 왔습니다."

　자살 실패 이후 병상에 누워 있던 디벤코가 우크라이나에서 보낸 편지였다. 알렉산드라는 급히 편지를 뜯어봤다. 편지의 시작은 이랬다.

　'사랑하는 나의 동지이자 부인이며 내 모든 것인 알렉산드라에게'

　디벤코는 자신의 자살 소식이 알렉산드라에게 알려진 걸 뒤늦게 알았다고 편지에 적었다. 전보는 수병들이 몰래 보낸 것이었다. 디벤코는 자신이 자살하려 했던 이유는 그녀와 헤어진 이후 삶을 살아갈 용기가 없어졌기 때문이라고 했다.

편지를 읽는 내내 알렉산드라의 가슴은 무너지는 것 같았다. 디벤코는 오데사에서의 자신의 잘못을 순순히 인정하고 용서를 빌었다.

'그것은 우연한 실수였고 순간적인 관계였소. 하지만 당신과 나의 관계는 영원할 것이오. 당신이 없어 내가 얼마나 고독한지, 얼마나 견딜 수 없는지 당신은 모를 거요.'

알렉산드라는 편지를 읽으면서 디벤코의 진심을 느꼈다. 편지지 너머로 다정한 디벤코의 얼굴이 떠올랐다.

'당신에게서 깊은 정과 친구 같은 감정을 다시 느끼고 싶다는 욕심일지 모르겠소. 하지만 그런 기다림조차 없다면 나는 살아갈 희망을 어디에서 찾아야 할지 모르겠소.

답장은 필요 없소. 답장 대신 당신의 얼굴을 보고 싶을 뿐이오.

당신이 그리운 밤에 병상에서 편지를 쓰오. -파벨 디벤코'

알렉산드라의 가슴이 뭉클해졌다. 디벤코를 처음 만났던 거리, 함께 술을 마셨던 백야의 주점, 재판정에서의 변론, 반짝이며 빛나던 에메랄드 반지, 함께 비둘기를 날리며 행복했던 결혼식 등이 머리 위로 스쳐 지나갔다.

알렉산드라는 '파벨'의 이름을 나지막이 불러봤다. 그리고는 편지지가 구겨지지 않게 곱게 접어 서랍 안에 넣었다.

알렉산드라는 병상에 있는 디벤코가 걱정됐다. 그리고 그런 뜻을 디벤코에게 알리기로 했지만 답장을 써서 보내고 싶지는 않았다.

알렉산드라는 어떻게 해서라도 일단 디벤코를 다시 한 번 만나고 싶었다. 직접 만나 그의 진짜 마음을 알고 싶었다. 하지만 대사관을 비울 수는 없었다. 그때 노크를 한 비서가 방에 들어왔다.

"대사님, 도와 드릴 일이 있나요?"

알렉산드라는 당차고 야무지면서도 입이 무거운 여비서를 보았다.

'그래, 나 대신 비서를 보내자.'

알렉산드라는 비서에게 자기를 대신해서 디벤코를 만나보도록 했다. 그러기 위해서 어쩔 수 없이 자신과 디벤코와의 관계를 자세히 비서에게 알려줬다. 처음에는 긴장한 채로 듣던 비서는 때로는 웃음 짓고 때로는 화를 내며 이야기를 들었다. 알렉산드라는 비서에게 디벤코를 만나면 해줄 말까지 부탁했다. 그리고 건강이 좋아졌다면 디벤코가 휴가를 내고 노르웨이로 건너오길 바란다는 뜻을 전하라고 했다. 하지만 그전에 디벤코의 상황을 먼저 알아보도록 했다.

얼마 후, 우크라이나로 갔던 비서가 마침내 노르웨이 대사관으로 전화를 했다. 비서는 뜻밖의 소식을 전했다.

"디벤코 제독님은 병원에 계시지 않습니다. 그리고 아프지도, 전혀 외로워 보이지도 않았습니다."

"아니, 그게 무슨 말이야?"

"대사님 말씀대로 오데사에는 사전에 아무 말도 없이 찾아갔습니다. 대사님, 충격 받지 마세요. 디벤코 제독님은 어떤 처녀와 함께 살고 계셨습니다."

비서가 본 처녀가 일전에 알렉산드라가 본 아름다운 아가씨인지는 분명하지 않았다. 그러나 그건 중요하지 않았다. 알렉산드라는 또 한 번 큰 충격을 받았다.

"잘못 본 건 아니겠지?"

"혹시나 해서 하루 더 묵으면서 따라다녔습니다. 확실합니다."

충격을 받은 알렉산드라는 비서와 더 이상 길게 통화를 할 수 없었다.

"모든 게 거짓이었어! 도저히 용서 못 해."

알렉산드라는 곱게 접어놨던 디벤코의 편지를 꺼내 찢어버렸다. 이후 디벤코에게서는 어떤 편지도 오지 않았다.

그날 밤, 알렉산드라는 심장이 찢어지는 듯한 아픔에 잠을 이룰 수 없었다. 한밤중에 신경성 심장발작이 일어나자 알렉산드라는 가슴을 움켜쥐고 식은땀을 흘리면서 괴로워했다.

도저히 이런 상태에서는 대사관 일을 시작할 수 없다. 알렉산드라는 대사관에 휴가를 내고 일주일을 쉬었다.

알렉산드라는 자작나무가 우거진 노르웨이의 산악 휴양지에 머물렀다. 통나무집에서 자고 매일 숲을 산책하면서 맑은 공기를 마셨다. 시간이 지날수록 알렉산드라의 심장을 아프게 했던 감정이 진정되었다. 더 이상 디벤코에게 화가 나지 않았고 그가 측은하게 느껴졌다.

휴가가 끝나갈 무렵에 알렉산드라는 자신이 머물렀던 통나무집을 바라봤다. 어두웠던 감정이 사라지고 상쾌한 기분이 들었다. 알렉산드라는 하늘을 향해 솟은 자작나무를 올려다보며 조용히 말했다.

"우리는 헤어졌고 나는 자유로워. 모든 것이 분명해."

    1923년 5월에 알렉산드라는 노르웨이 주재 소련 전권 대표부와 상무 대표부의 장으로 임명되었다. 드디어 대사관 업무가 정식으로 시작되는 의식이 치러졌다.

    알렉산드라 콜론타이는 노르웨이 왕실에서 호콘 7세 국왕에게서 신임장을 받았다. 신임장이란 대사 부임을 명령받은 외교관이 해당 국가의 대통령이나 국왕으로부터 받는 문서이다. 신임장은 국가원수를 대신해 업무를 수행하는 특명전권대사임을 증명했다.

    왕실에 들어선 알렉산드라는 베일이 달린 모자를 쓰고 러시안 레이스가 달린 검은 드레스 차림이었다. 그리고 어깨 위에는 화려한 보라색 모피 망토를 걸쳤다. 우아하고 기품 있는 차림으로 나선 알렉산드라는 호콘 7세가 건네 준 신임장을 받았다. 노르웨이 왕실 군복을 입은 호콘 7세는 점잖아 보이는 얼굴의 중년이었다.

    신임장 수여식이 끝난 후 호콘 7세는 파티석상에서 알렉산드라와 마주보고 앉았다. 알렉산드라는 티스푼으로 차를 저으며 호콘 7세의 안색을 살폈다. 호콘 7세는 진지한 얼굴로 알렉산드라에게 물었다.

"볼셰비키는 혁명을 일으켜 왕들을 쫓아낸다고 하던데 맞는 말이오?"

    알렉산드라가 볼셰비키 소속의 중앙위원 출신이었다는 걸 안 호콘 7세가 할 수 있는 질문이었다. 알렉산드라는 고개를 끄덕이며 진지한 얼굴로 대답했다.

"맞습니다. 겁나시면 왕관을 내려놓고 왕위에서 물러나세요."

외교관답지 않는 직설적인 대답에 왕은 짧은 탄식을 했다. 알렉산드라가 웃으며 덧붙였다.

"농담입니다. 이제는 혁명이 일어나면 적군들이 왕을 보호할 것입니다."

"왕을 죽이지는 않는단 말인가?"

"당연하지요. 피를 흘리는 혁명은 성공하지 못할 겁니다."

볼세비키들은 세계 혁명을 일으켜 모든 왕과 군주들을 죽이려 했다. 하지만 성공할 수 없었다. 알렉산드라도 그런 현실을 받아들였다. 시대 상황은 변했고 이제는 외교적인 문제로 조정해야 한다.

"그래도 난 국민이 뽑은 왕이라 물러날 생각이 없소."

호콘 7세는 1905년 노르웨이가 스웨덴으로부터 독립을 되찾은 이후 투표에 의해 선출된 최초의 노르웨이 왕이었다. 알렉산드라가 고개를 끄덕였다.

"그럼, 계속 왕을 하셔야겠네요."

호콘 7세를 향해 의자를 바싹 당겨 앉은 알렉산드라가 친근한 웃음을 지었다.

"딱딱한 이야기는 그만 두시고, 개인적인 질문을 하나 해도 될까요?"

"물어보시오."

"폐하께서는 미남이셔서 젊었을 때 인기가 많았겠어요?"

호콘 7세는 아무런 대답 없이 점잖은 얼굴을 했다. 하지만 상관없다는 듯 알렉산드라는 여자들끼리 수다를 떨듯 스스럼없이 물었다.

"어떤 여자들이 폐하를 주로 좋아했나요. 금발의 아가씨? 아니면 교양 있는 숙녀 분?"

"모든 여자들이 날 좋아했지."

호콘 7세가 이어서 물어보지도 않은 말을 했다.

"하지만 난 주로 마른 몸매의 여자들을 좋아했지."

"그럼 저도 살을 좀 빼도록 노력해야겠네요."

알렉산드라와 호콘 7세는 마치 탁구를 치듯이 서로 대화를 주고받았다. 알렉산드라의 재치와 위트에 호콘 7세는 친구를 대하듯 스스럼없이 그녀와 이야기를 나누었다.

파티가 끝나고 알렉산드라가 돌아간 이후, 호콘 7세는 외무대신에게 전화를 걸었다.

"콜론타이 소련 대사에게 불편함이 없도록 적극 협조하시오."

정식 대사관 일을 시작한 알렉산드라에게 모스크바에서 첫 번째 임무가 내려졌다. 임무는 전보를 통해 도착했다. 처음에 알렉산드라는 전보가 잘못 온 줄 알았다.

〈러시아에서 생산된 호밀을 노르웨이산 청어로 교환하시오.〉

알렉산드라는 당황하지 않을 수 없었다.

'대사에게 무슨 청어 장수 일을 시키는 거지?'

하지만 외교관의 임무를 다시 한 번 생각하자 모스크바의 지령이 이해가 갔다.

'외교관은 두 나라의 교역 증대를 위해 노력할 책임이 있지.'

알렉산드라는 다음 날부터 항구의 수산물 시장 바닥을 뒤지고 다녔다. 노르웨이와 러시아의 교역을 위해서는 발로 뛰어다녀야 했다. 직업은 외교관이었지만 무역상이나 다름없었다.

청어를 사려고 시장을 뒤지던 알렉산드라는 가격 조건이 괜찮은 가게를 알아냈다.

하지만 가죽 앞치마에 장화를 신은 중년의 노르웨이 어부는 알렉산드라의 외모를 보고는 만만하게 생각했다. 망토를 걸치고 진주 목걸이를 한 알렉산드라는 아무리 봐도 귀부인 풍이었다. 상인은 속으로 흐뭇한 미소를 지으며 생각했다.

'오늘 운수가 좋군.'

더구나 알렉산드라는 자신이 러시아 외교관이라는 사실을 굳이 감추지 않았다. 상인이 청어 값을 엄청나게 비싸게 불렀지만 알렉산드라는 자신이 이미 가격을 알아보고 왔음을 밝혔다.

"대사관에서 구입하는 것이니 9만 루블에 주세요."

"11만 루블 이하로는 팔 수 없소."

팔짱은 낀 상인은 툴툴거리며 고개를 가로저었다.

"11만 밑으로는 청어가 썩어도 팔지 않을 거요."

알렉산드라는 가볍게 웃으며 상인의 말을 되받아쳤다.

"그럼, 청어가 썩는 동안 저는 다른 상인을 찾아봐야겠네요."

알렉산드라가 돌아가려고 하자 상인은 화가 난 얼굴로 비꼬았다.

"딴 데 가도 9만 루블로는 생선 가시밖에 못 살 거요."

알렉산드라는 상인을 향해 다시 돌아섰다. 노르웨이 상인은 겉으론 입술을 삐죽 내밀었지만 속으론 웃고 있었다.

'그럼, 그렇지.'

"다른 곳에 가겠다는 말은 농담이에요. 가격 흥정을 다시 하죠."

알렉산드라가 다시 들어와 물건 가격을 깎아 달라고 하자 상인은 진짜 마지막이라면서 가격을 다시 제시했다. 1만 루블이 싸졌다.

"그럼 10만 루블에 합시다. 그 이하로는 절대로 안 되오."

하지만 알렉산드라는 거기에 응하지 않았다. 오히려 자신이 제시한 9만 루블보다 더 싼 가격을 불렀다.

"아뇨, 8만 루블에 하죠."

"지금 얼마라고 했소? 아깐 9만 루블에 달라고 하더니?"

상인은 자신의 귀를 의심하면서 어이가 없다는 듯 웃었다.

"정말 농담을 잘 하시는군."

"먼저 농담을 하시니 저도 농담을 한 거예요."

"다른 곳에 가도 10만 루블 이하로는 어림없소."

고집스런 얼굴을 한 상인에게 알렉산드라가 사정했다.

"저도 당신이 원하는 가격에 드리고 싶어요. 하지만 이건 제 돈이 아니라 러시아 정부의 돈이에요."

"그럼 더 잘된 거 아니요? 당신 돈도 아닌데 그냥 사시오."

여기서 알렉산드라는 자신의 사정을 자세하게 말했다. 상인이 원하는 가격에 샀다가 나중에 정부에서 허락해 주지 않으면 소용이 없다는 것이었다.

"정부에서 정해준 돈 이상을 쓰면 제 월급으로 갚아야 한다고요."

상인은 장갑을 탈탈 털면서 대꾸했다.

"그럼 당신 월급으로 청어를 사시오."

"그러면 다달이 할부로 나누어서 청어 값을 드릴 수밖에 없어요."

"그건 곤란하오."

"계속해서 청어를 구입해야 할 텐데 그때마다 할부로 사면 저는 평생 청어 값만 갚으면서 살아야 해요."

알렉산드라가 난감한 얼굴로 사정하자 상인은 딱하다는 눈길로 바라봤다. 이때 알렉산드라가 얼음과 함께 나무 박스에 담긴 청어를 가리키면서 말했다.

"나중에 청어를 러시아에 보낼 때는 수족관 안에 바다메기를 한 마리 넣어 주세요."

"그러면 바다메기가 청어를 먹어치울 텐데, 왜?"

상인은 황당하다는 얼굴로 물었다.

"배로 옮겨진 수족관 속의 청어는 장시간 여행을 하면 스트레스를 받아서 많이 죽지요."

상인은 알렉산드라의 이야기에 관심을 가졌다.

"그건 맞소. 약한 놈들은 답답한 수족관 속에 갇혀 많이 죽지."

"하지만 바다메기 한 마리를 넣으면 메기를 피하기 위해서 청어들은 활발하게 움직이죠. 그게 운동이 돼서 더 오래 살게 돼요."

상인은 고개를 끄덕이며 공감했다.

"음, 그럴듯하군."

"바다메기가 청어를 몇 마리 잡아먹겠지만, 스트레스로 죽는 청어는 그보다 더 많아요."

알렉산드라의 이야기를 다 들은 상인은 감탄했다.

"그런 건 도대체 어디서 얘기 들었소?"

"책을 많이 읽으면 알 수 있어요."

상인은 더 이상 그녀와 겨룰 수 없다는 것을 깨달았다. 그는 더 이상 입씨름을 해봤자 소용이 없다는 걸 느끼곤 두 손 들었다.

"좋소. 당신이 처음 말한 대로 9만 루블에 합시다. 대신 할부는 안 돼요."

"당연하지요."

결국 알렉산드라는 자신이 원하는 가격에 청어 수입 협상을 마쳤다. 하지만 러시아 국내외에서는 이런 그녀를 두고 말이 많았다. 특히나 각국의 지도자들은 그녀의 능력을 안타까워했다.

"소련을 민주적으로 개혁할 수 있는 유일한 여성 지도자가 외국에서 청어 장사나 하고 있다니 안타까운 일이오."

하지만 알렉산드라는 자신이 맡은 외교관직에 만족하며 하루하루를 보냈다.

노르웨이 대사로 일하던 알렉산드라는 강사로도 인기를 끌었다. 대사관 업무가 끝나기 무섭게 곳곳에서 알렉산드라를 찾았다. 알렉산드라의 비서는 스케줄을 관리하느라 정신이 없었다.
"대사님, 오늘은 노르웨이 청년단체에서 강연 요청이 있습니다."
"청어 장사에 강연까지 정말 바쁘군요."
알렉산드라의 강연 내용은 주로 사랑과 연애에 관한 것이었다. 디벤코와의 실연을 통해 알렉산드라는 많은 것을 깨달았다. 그녀는 자신이 겪은 감정을 정리해서 책을 썼고, 연설을 했다.
그녀의 연설을 듣기 위해 노르웨이의 젊은 청춘남녀들이 구름떼처럼 강연장으로 몰려들었다.
"여러분, 조건이 없는 사랑이 진정한 사랑입니다. 그러니 무조건적인 사랑을 하세요."
알렉산드라는 자유연애와 더불어 조건 없는 사랑론을 펼쳤다.
"조건과 대가를 바라는 사랑과 결혼은 거래입니다. 그건 사랑이 아니라 장사입니다."
그녀의 한 마디, 한 마디에 참석자들은 열광하며 박수를 쳤다. 특히나 여성 참석자들은 알렉산드라를 절대적으로 지지했다.
"여성은 경제적으로, 감정적으로 남성에 의존해서는 안 됩니다. 그래서는 평등한 사랑을 할 수 없습니다."

이후 알렉산드라가 부임하는 곳마다 그의 여성해방론을 듣기 위해 많은 청년들이 줄을 섰다. 강연회 이후에는 개별 면담까지 신청할 정도로 알렉산드라는 인기가 좋았다.

1923년에 알렉산드라는 〈날개 달린 에로스에게 길을〉이라는 글을 발표했다. 이 글에서 그녀는 친구 같은 동지애적인 사랑을 '날개 달린 에로스'라고 표현했다. 알렉산드라에게 있어서 날개 달린 에로스만이 진정한 사랑이었다.

알렉산드라가 외교 활동을 하면서 시작한 강연과 글쓰기는 사실은 실연의 상처를 잊기 위해서였다.

"드디어 내 마지막 소원을 이뤘다."

같은 해, 알렉산드라는 소설 〈붉은 사랑〉을 발표됐다. 〈붉은 사랑〉의 주인공 바실리사와 볼로다는 알렉산드라가 말하는 '동지애적 사랑'이 무엇인지 보여주는 인물들이었다.

소설을 쓰겠다는 알렉산드라의 소원이 마침내 이루어졌다. 첫 번째 남편 블라디미르의 혹평 때문에 다시는 소설을 쓰지 않겠다고 말했지만, 그녀는 마침내 어린 시절의 꿈을 이뤄냈다. 알렉산드라는 이후에도 〈삼대의 사랑〉, 〈자매들〉 등의 소설을 발표했다.

활발한 외교 활동을 하던 알렉산드라는 잠시 일 때문에 소련으로 향했다. 모스크바에서 일을 마치고 돌아가려는 알렉산드라는 스탈린의 부름을 받았다.

1924년 레닌이 죽은 이후, 스탈린은 소련의 새로운 지도자가 되었다.

말년의 레닌은 스탈린의 잔혹함과 과격함을 새롭게 깨달았다. 그래서 스탈린에게 권력을 주지 말라는 유언장을 남겼지만 이후 스탈린에 의해 유언장이 조작되었다. 레닌이 병으로 죽자 정권을 잡은 스탈린은 자신을 반대하는 정적들을 하나하나 없애고 있었다. 알렉산드라로서도 당연히 긴장이 되는 만남이었다.

스탈린은 집무실 의자에 깊숙이 파묻힌 채 파이프 담배를 피우고 있었다. 알렉산드라는 스탈린을 향해 가볍게 목 인사를 했다. 스탈린은 무덤덤한 얼굴로 물었다.

"외교관 일에 만족하시오?"

"일에 열중할 수 있어서 좋습니다. 내 적성에 맞아요."

알렉산드라가 스스럼없이 대답하자 스탈린은 만족스런 얼굴로 고개를 끄덕였다.

"그럼, 계속해서 소비에트를 대표해 일해주길 바라오."

알렉산드라는 스탈린을 흘낏 바라봤다. 스탈린은 노동자의 반대파를 비롯해 같은 중앙위원이었던 트로츠키, 부하린, 지노비예프 등 알렉산드라의 오랜 동료들을 처형하거나 암살했다. 하지만 피도 눈물도 없는 독재자 스탈린도 알렉산드라에게만큼은 부드러웠다.

"내게 건의할 것이나 부탁할 게 있소?"

쓴소리 잘하기로 유명한 알렉산드라였지만 언제부터인가 스탈린에게는 입을 다물었다. 그에게는 말이 통하지 않는다는 것을 알았기 때문이다.

"없습니다."

그러나 사실 알렉산드라는 스탈린에게 한 가지 물어보고 싶은 것이 있었다. 자신은 옛날에 그 누구보다도 레닌과 스탈린을 앞장서서 비판했다. 스탈린을 비판한 사람치고 지금 살아남은 이가 없었다.

'왜 나만 살려줬지요?'

스탈린이 알렉산드라를 제거하지 않은 것은 그녀가 국제적으로 널리 알려진 여성평등을 상징하는 존재였기 때문이었다. 알렉산드라는 여성해방이라는 소련의 진보성을 대표하고 있었다.

그리고 이제 알렉산드라는 각국의 지도자들과 사귀는 이름난 외교관이 되었다. 그녀를 함부로 대했다가는 국제적인 비난을 받거나 외교적인 문제를 일으킬 수 있다. 스탈린은 해외에 거주하는 알렉산드라를 무리하게 다룰 필요가 없다고 생각했다.

스탈린을 만나고 나온 알렉산드라는 다시 홀가분한 마음으로 소련을 떠났다.

이후 알렉산드라는 1926년 멕시코 공사로 전보되었다가 다음 해인 1927년에 소환되었다. 1930년에는 스웨덴 공사로 파견되었고, 이후 대사관으로 격상되면서 소련의 초대 스웨덴 대사를 맡았다.

알렉산드라를 만난 스탈린은 몇 달 후 집무실로 디벤코를 불렀다.

군복 차림으로 집무실에 들어온 디벤코는 경례를 올렸다. 파이프를 피워 문 스탈린의 손짓에 따라 디벤코는 자리에 앉았다. 스탈린은 범인을 취조하듯 예리한 눈빛으로 디벤코를 쏘아보았다.

"디벤코 동지, 솔직히 말해 보시오."

당시 디벤코는 부패 혐의로 군사 법정의 조사를 받고 있었다. 디벤코는 속이 뜨끔해서 물었다.

"뭘 말입니까?"

"왜 콜론타이와 헤어졌지?"

갑작스런 스탈린의 질문에 당황한 디벤코는 횡설수설했다.

"그, 그건 말이죠. 어떻게 하다 보니깐 그렇게 됐습니다. 서로 헤어지길 원한 건 아니었습니다."

스탈린은 그의 말을 가로막았다.

"자넨 바보군. 그녀와 헤어진 건 큰 실수를 한 거야."

파이프 담배를 빨던 스탈린은 담배 연기를 디벤코의 얼굴에 내뿜었다.

얼마 후, 파벨 디벤코는 미국과 내통한 간첩 혐의로 숙청되었다. 그의 최후는 비참했다. 철제 상자에 갇힌 채 갖은 고문을 당한 끝에 디벤코는 재판정에서 자신의 혐의를 인정했다. 이번에는 그를 도와 무죄를 밝혀줄 친구가 한 명도 없었다. 디벤코는 결국 총살형을 당했다.

디벤코의 죽음은 스웨덴에서 대사로 일하고 있던 알렉산드라에게도 알려졌다. 알렉산드라는 디벤코가 미국의 간첩이었다는 사실을 믿지 않았다.

"그는 영어도 못 하는데 미국의 스파이라니 말도 안 돼."

디벤코는 미국에 가보기는커녕 에이, 비, 씨, 디도 몰랐다. 미국의 자유주의사상이나 자본주의도 알지 못했다. 다만, 미국에는 디벤코의 누나가 살고 있었다. 디벤코는 그 이유 하나만으로 스파이로 몰려 죽임을 당한 것이다.

알렉산드라는 디벤코의 억울한 죽음에 인간적으로 슬퍼했다. 하지만 당시 디벤코와 같은 죽음은 소련에선 흔한 일이었다.

고국의 소식을 외국에서 듣고 있던 알렉산드라는 한숨을 쉬었다.

1933년부터 1938년 사이에 스탈린과 그의 비밀경찰에 의해 숙청된 사람의 수는 수백만 명이었다. 거기다 가난한 농민 천만 명이 굶어 죽었다는 보고도 있었다. 삼천만 명 이상의 주민이 시베리아나 중앙아시아로 강제 이주했다. 이중 절반 가량이 질병이나 굶주림으로 죽었다고 알려졌다. 그럼에도 '스탈린 동지에게 오류는 없다'라는 식으로 스탈린은 우상화됐다.

클론타이는 과거를 다시 뒤돌아보았다.

'제노텔에서 쫓겨나고 노르웨이로 떠난 것이 어찌 보면 내가 살 수 있었던 길이었어.'

덕분에 알렉산드라는 디벤코를 포함한 동지들을 모두 죽음으로 몰고 간 숙청을 피할 수 있었다.

1944년, 일흔이 넘은 알렉산드라가 외교관으로서 은퇴를 준비하고 있을 때였다. 모스크바의 스탈린이 스웨덴에 있던 알렉산드라를 불렀다. 알렉산드라는 크렘린궁에서 스탈린을 만났다. 스탈린은 뜻밖에도 알렉산드라에게 소련과 핀란드의 휴전 협상을 맡겼다.

"콜론타이 대사가 나서서 겨울 전쟁을 끝내주시오."

겨울 전쟁은 1939년 제2차세계대전이 일어난 해에 소련군이 핀란드를 침공하면서 시작됐다. 당시 소련군의 병력은 백만 명이었고, 핀란드군은 탱크 한 대조차 없었다.

처음 소련군은 한 달 안에 핀란드를 정복할 것이라고 우습게 생각했다. 하지만 영하 40도의 추운 날씨가 계속되는 가운데, 핀란드 군은 끈질기게 저항했다. 결국 소련군은 철수해야만 했다. 이때 핀란드의 영웅 시모 하이하는 혼자서 2년 동안 칠백여 명의 소련군을 저격했다. 망원경도 안 달린 러시아제 소총 한 자루로 혼자서 대병력을 막아낸 것이다.

스탈린은 작은 나라를 상대로 소련군이 무참히 패했다는 보고에 불같이 화를 냈다. 당시 알렉산드라는 외국에 있었지만 소련군의 패배에는 스탈린의 책임도 있다고 생각했다. 스탈린의 대숙청으로 소련군 장교의 육 할이 죽거나 감옥에 갇혔기 때문이다. 그럼에도 스탈린은 패전 책임을 물어 또 다른 장군과 장교들을 제거했다.

이후 스탈린은 또다시 대병력을 동원해 핀란드를 침략하면서 압박했다. 결국 약소국인 핀란드는 강화 조약을 맺을 수밖에 없었다. 이때 핀란드는 소련에게 자신들의 영토 일부를 넘겨줘야 했다.

　상실한 영토를 되찾기 위해 핀란드는 1941년부터 나치 독일과 힘을 합쳐 소련에 대항했다. 겨울 전쟁이 끝나지 않고 계속되었던 것이다. 그래서 이 전쟁을 계속전쟁 혹은 연속전쟁이라고도 불렀다. 이렇게 겨울 전쟁은 1944년까지 계속되었다.

"겨울 전쟁은 우리 적군에게 불명예스러운 전쟁이오."

알렉산드라는 스탈린에게 한 가지 조건을 내걸었다.

"저에게 협상을 맡기시려면 전권을 주십시오."

알렉산드라의 제안에 스탈린은 잠시 고민했다. 잠시 후 스탈린은 결심을 한 듯 고개를 끄덕였다.

"좋소, 대신 우리가 현재 차지한 핀란드 영토를 잃어서는 안 되오."

알렉산드라는 스탈린의 말을 묵묵히 들었다. 손해는 보지 않으면서 핀란드와 협정을 맺으라는 지시였다.

"나머지는 콜론타이 동지에게 전권을 주겠소."

"그럼 제가 평화 협상에 나서겠습니다."

"외교관으로서 당신의 능력을 믿어보겠소."

휴전협정을 맺기 위해 알렉산드라는 스웨덴과 핀란드를 오갔다. 알렉산드라는 핀란드군의 총사령관이자 대통령인 만넬하임을 만나 교섭을 벌였다. 만넬하임은 핀란드의 영토를 지키기 위해 물러나지 않았고 교섭은 쉽지 않았다.

협상이 계속되는 어느 날, 회의실에서 만넬하임은 알렉산드라에게 술을 권했다.

"추운데 칵테일 한 잔 하시죠."

알렉산드라는 잔 위에 레몬 조각이 장식된 달콤한 음료가 섞인 칵테일을 마셨다. 달콤 쌉쌀한 맛에 절로 미소가 지어졌다.

"레몬 칵테일 맛이 괜찮네요."

만넬하임이 엷은 미소를 지으며 쓸쓸하게 말했다.

"몰로도프의 칵테일이 아니니 맛이 있을 겁니다."

순간 알렉산드라의 얼굴이 굳어졌다. 몰로도프는 제2차세계대전 당시 소련의 외무장관이었다.

겨울 전쟁 초반에 탱크 한 대 없던 핀란드군은 소련군의 탱크 부대를 맨몸으로 상대해야 했다. 이때 핀란드군은 처음으로 화염병을 사용했다. 술병에 가솔린을 넣고 심지를 끼워 넣은 뒤 여기에 불을 붙여 소련군 탱크를 향해 던진 것이었다. 그리고 그 화염병을 몰로도프의 칵테일이라고 이름 붙였다.

당시 몰로도프는 "소련은 결코 핀란드를 침공하지 않을 것이오."라고 말했었다. 몰로도프의 거짓말을 몰로도프의 칵테일이라는 이름의 화염병으로 야유한 것이다.

알렉산드라가 잠시 할 말을 잃고 굳은 얼굴로 서 있자 만넬하임이 싱긋 웃었다.

"농담입니다."

알렉산드라 역시 표정을 바꾸어 웃으며 대꾸했다.

"제가 만드는 콜론타이 칵테일은 다를 것입니다."

"글쎄요. 그건 결과를 봐야 알겠죠."

"저는 몰로도프 외무장관과 달리 스탈린 수상으로부터 전권을 받았습니다."

알렉산드라가 미소를 지었다. 하지만 만넬하임은 고개를 갸웃거렸다.

"그래도 당신을 어떻게 믿겠소?"

"제 어머니는 핀란드 출신입니다. 핀란드는 저에게도 또 다른 고국이기도 합니다."

"그럼 어머니의 땅을 침략한 소련군을 데리고 핀란드 땅을 떠나시오."

알렉산드라는 진심을 담아 말했지만 만넬하임은 상관없다는 투였다.

"하지만 어머니의 땅에 침략자 독일군을 남겨 두고 갈 수는 없지요."

당시 핀란드는 소련을 돕기 위해 나치 독일과 힘을 합치고 있었다. 독일은 핀란드로 하여금 소련과 싸우게 만들고 소련 땅을 침략했다. 알렉산드라는 이런 점을 꼬집은 것이다. 만넬하임은 할 수 없다는 듯 되물었다.

"그럼 어떻게 했으면 좋겠소?"

"독일군이 레닌그라드에서 물러난 건 아시겠죠?"

만넬하임은 고개를 끄덕였다. 무적 독일군은 소련군에게 패해 레닌그라드에서 후퇴했다. 레닌그라드는 알렉산드라의 고향이자 예전 러시아의 수도였던 페테르부르크의 바뀐 도시 이름이다.

"제국주의 독일을 믿지 마세요. 그러다간 폴란드처럼 될 겁니다."

2차세계대전 당시 소련을 두려워했던 폴란드는 결국 독일에게 점령당했다. 만넬하임은 말없이 고개를 끄덕였다.

"저희와 화해하고 독일군과 함께 싸우시죠. 저희가 원하는 건 그뿐입니다."

핀란드가 독일과 동맹을 맺은 것은 스련으로부터 빼앗긴 영토를 되찾기 위한 일시적인 작전이었다. 만넬하임 역시 속으로는 독일을 믿지 않고 있었다. 그런 만넬하임의 속을 꿰뚫어 본 듯 알렉산드라는 그를 설득했다.

"핀란드의 독립이 가장 중요합니다."

결국 만넬하임은 고개를 끄덕였다.

"좋소, 구체적으로 평화협정에 대해 의논해 봅시다."

마침내 알렉산드라와 만넬하임은 두 손을 맞잡았다. 제2차세계대전 동안 소련의 핀란드 침입으로 벌어진 겨울 전쟁은 이렇게 끝이 났다. 알렉산드라와 만넬하임은 휴전 협상에 합의했다.

핀란드는 영토의 10%만 넘겨주고 소련군은 후퇴하기로 했다. 또 핀란드 영내의 독일군을 함께 몰아내기로 합의했다.

알렉산드라가 앞장서서 양국 모두 한 발짝 뒤로 물러설 수 있는 양보안을 이끌어냈다. 그 결과, 알렉산드라는 1946년 노벨평화상 후보로도 지명되었다.

1952년 3월 9일 외교관을 은퇴한 여든 살의 알렉산드라는 병상에 누워 있었다. 아픈 몸은 좀처럼 나을 기미가 보이지 않았다. 모스크바로 돌아온 알렉산드라는 병을 치료하면서 틈틈이 책을 읽고 글을 쓰면서 시간을 보냈다.

밤이 깊었지만 알렉산드라는 잠을 이루지 못하고 몸을 뒤척였다. 알렉산드라는 존경 받는 외교관으로서 성공적인 삶을 살았고, 후회 없는 인생을 살았다고 자부했다. 하지만 소련의 현실은 어둡기만 했다. 스탈린은 알렉산드라만큼 나이가 들었고 병에 시달렸지만 아직까지 권력을 쥐고 있었다. 알렉산드라는 모스크바로 돌아온 이후 내내 비밀경찰의 감시를 받았다.

'나 같은 할머니를 무서워하다니, 스탈린 당신은 겁쟁이야.'

알렉산드라는 좀처럼 잠을 이루지 못했다. 어지러운 세상을 생각하면 근심만 늘었다. 옛날을 생각하면 과거의 슬픔이 떠올랐다.

'가여운 파벨, 이제 난 당신을 용서했어요.'

디벤코를 떠올린 알렉산드라는 자신도 그의 뒤를 따라가야 할 날이 멀지 않았음을 알았다.

침대 위에서 돌아누우며 알렉산드라는 창밖을 내다보았다. 서리 어린 유리창에 어릴 적 슈라의 모습이 겹쳐 보였다. 침대에 누운 채 가정교사 스트라호바와 대화를 나누던 어린 수라가 있었다.

알렉산드라는 어린 시절의 자신을 떠올리며 입가에 미소를 지었다. 그때 어린 슈라는 잠자는 시간이 아깝다고 말했었다.

'책을 읽고, 하고 싶은 일들을 떠올리느라 잠을 자지 못했지.'

그 시절이 그리운 듯 알렉산드라는 행복한 미소를 지었다.

'잠을 못 자는 건 옛날이나 지금이나 마찬가지군.'

이제는 아픔과 근심과 슬픔으로 잠을 못 이룬다. 그러는 사이 짧은 통증이 가슴을 찔렀다. 크게 숨을 들이킨 알렉산드라는 이내 침대에서 눈을 감았다. 80회 생일을 하루 앞둔 날, 알렉산드라 콜론타이는 심장마비로 사망했다.

인물 마주보기

어린 시절

알렉산드라 콜론타이는 1872년 4월 러시아의 수도인 상트페테르부르크에서 태어났다. 아버지는 우크라이나의 오랜 지주가문의 귀족 출신이고 어머니는 핀란드 목재상의 딸이었다.

슈라의 어머니는 교육을 매우 중요하게 생각했다. 덕분에 슈라는 일곱 살이 되기 전에 러시아어를 비롯해 영어와 불어, 독일어를 할 수 있었고, 교양 있는 여성이 되도록 교육 받았다. 어머니는 마리아 스트라호바라는 가정교사를 고용해서 슈라에게 집중 교육을 시켰다. 스트라호바라는 급진적인 정치 성향을 가진 독립적인 여성이었고 이는 슈라에게 많은 영향을 끼쳤다.

세 가지 꿈

책을 좋아하던 슈라는 소설가가 되고 싶었다. 또한 집 안에 갇혀 지내는 게 답답해서 세상을 돌아다니며 일할 수 있는 직업을 갖고 싶었다. 그것은 바로 외교관이었다. 당시 여성 외교관은 없었지만 슈라는 자신이 어른이 될 즈음에는 여성도 외교관이 될 수 있다는 자신감을 갖고 있었다.

유럽의 많은 나라들이 공화정을 실시하는 가운데 러시아는 황제가 러시아 전체를 통치하는 군주 국가였다. 당시 러시아는 농민들이 굶주리고, 공화정을 요구하는 노동자와 지식인들이 억압받았다. 조숙했던 슈라는 일찍이 이런 사회 분위기를 알아채면서 혁명 운동에 참여하는 자신을 꿈꾸었다.

마루 닦는 아이들

슈라는 공부를 잘하는 명석한 소녀였지만 친구가 없었다. 가정교사와 과목별 전담 교사들에게 일대일 교육을 혼자 받았기 때문이다. 두 살, 네 살 위인 언니 에브게니아와 제니아가 있었지만 슈라에게 다른 친구들은 없었다.

슈라가 처음 사귄 친구는 자신의 집에 청소를 하러 오는 아이들이었다. 슈라는 자신보다 나이가 더 많은 아이들을 친구로 사귀게 되면서 자신이 다른 아이들과는 다른 삶을 살고 있다는 사실을 알게 된다. 대저택 바깥에 사는 친구들이 가난하다는 사실을 알고는 그들에게 먹을거리를 챙겨주기도 했다. 처음 사귄 친구들로 인해 슈라는 가난한 이들의 어려움과 아픔을 마치 자신의 일처럼 느끼게 되었다.

나르바에서의 충격

블라디미르 콜론타이와 결혼 후 콜론타이의 성을 달게 된 알렉산드라는 1896년 나르바로 떠난 가족 여행에서 우연히 크론호름 직물공장에 들렀고, 1만 2천 명이 일하는 거대한 먼지 구덩이 공장 속에서 여성 노동자들과 아이들이 힘겹게 살아가는 현장을 목격했다.

공장 기숙사에서 아이들은 어머니가 일하러 나가면 보살핌을 받지 못한 채 방치되었다. 더럽고 악취가 풍기는 곳에서 죽어가는 아이를 본 콜론타이는 커다란 충격에 빠졌다. 자신의 아들과 같은 또래의 아기가 죽는 걸 본 콜론타이는 이러한 공장을 만들어내는 사회를 바꿔야 한다고 생각했다.

1899년 마침내 알렉산드라는 자신의 생각을 실천하기 위해 남편과 헤어지고 스위스 유학을 선택했다. 취리히 대학에서 알렉산드라는 경제학과 함께 사회를 변혁할 이론을 공부했다.

혁명 운동에 뛰어들다

1905년 1차 러시아 혁명의 단초가 되는 '피의 일요일' 사건이 일어났다. 알렉산드라 콜론타이는 피의 일요일에 여성 노동자들과 함께 겨울궁전으로 평화 행진을 하고 있었다. 이때 황제의 군대와 경찰들은 평화 행진을 하는 노동자를 향해 총을 발포했다. 이로 인해 600여 명이 사망하고 수천 명의 부상자가 발생했다. 비명 소리와 핏자국이 선명한 거리를 목격한 알렉산드라는 직업적 혁명가가 될 결심을 했다.

알렉산드라는 피의 일요일 사건 이후 적극적으로 여성 노동자들의 모임에 참석해 연설을 하고 그들을 조직화하는 데 앞장섰다. 명석한 두뇌와 거침없는 연설, 그리고 어렸을 때부터 몸에 배인 세련된 몸가짐으로 콜론타이는 많은 여성 노동자들의 지지를 받으며 지도자로 추대받았다.

이후 경찰의 수배를 받은 알렉산드라는 결국 러시아를 떠나 1908년부터 1917년까지 독일과 스웨덴에서 망명 생활을 했다. 망명 생활 도중 레닌을 만난 알렉산드라는 러시아 공산당에 가입을 하고 미국에 방문해 미국 노동자들을 대상으로 제국주의와 전쟁을 반대하는 연설을 하기도 했다.

날개 달린 에로스

다시는 결혼을 하지 않겠다고 스스로에게 다짐한 알렉산드라는 한편으로 젊은 당원들에게 결혼과는 상관없는 자유로운 연애를 권유했다. 알렉산드라는 이를 '날개 달린 에로스'라고 불렀다. 사랑하는 남녀는 서로의 조건을 보지 말고 진실된 마음으로 평등한 관계를 맺고 친구 같은 동지애적 결합을 맺을 것을 주장했다. 그러나 이런 평등하고 자유로운 연애관은 레닌과 스탈린을 비롯한 남성 공산주의자들에게서 환영받지 못했다.

　알렉산드라는 상대에 대한 소유 의식 없는 자유로운 결합이 사랑이라고 보았다. 그러나 아이러니하게도 1922년 콜론타이는 함께 살고 있던 17세 연하의 애인 디벤코와 헤어졌다. 디벤코가 다른 어린 여자와 바람을 피웠기 때문이다. 콜론타이는 서로를 소유하지 않는 자유로운 사랑일지라도 상대방을 속이는 진실되지 못한 사랑은 인정할 수 없었다.

세계를 누비다

　알렉산드라가 갈수록 자신의 정책에 반대하자 레닌은 그녀를 외국으로 보냈다. 이로써 알렉산드라는 세계 최초의 여성 외교관이 되었지만 사실상 외국으로 쫓겨난 것과 다름없었다. 하지만 알렉산드라는 외교관이라는 직업에 만족해했다. 상류층으로서의 사교 능력과 4개 국어에 통달한 외국어 실력이 외교관 활동에 많은 도움을 주었다.

　알렉산드라는 노르웨이, 멕시코의 공사와 스웨덴 대사를 역임하면서 소련을 대표해 외교 활동을 벌였다. 소련은 레닌이 죽은 뒤 스탈린이 집권하면서 무시무시한 숙청이 계속되었다. 많은 혁명가들과 정치인들이 죽음을 당하는 가운데 알렉산드라는 외국에서 살아남을 수 있었다.

알렉산드라 콜론타이의 생애

1872년   4월 러시아의 수도 상트페테르부르크에서 태어남.

1888년   가정교사 마리아 스트라호바의 교육을 받은 후 교사 자격시험에 합격.

1891년   가족 여행 중 블라디미르를 처음 만나 사랑에 빠짐.

1893년   폴란드계 혼혈인인 블라디미르 콜론타이와 결혼. 이때 나이 21살.

1894년   아들 미하일 콜론타이를 낳음.

1896년   나르바 여행 도중 크론호름 직물공장을 견학. 기숙사에서 죽은 아이를 본 후 충격을 받음.

1899년   남편과 이혼하고 스위스로 유학. 취리히 대학 경제학부에 입학하여 국민경제학 전공.

1905년   1월 러시아혁명의 단초가 되는 '피의 일요일 사건'을 직접 목격. 이후 혁명 운동에 참여.

1908년   러시아 경찰의 수배를 피해 독일로 망명

1914년   1차세계대전 발발.

1915년   레닌을 만나 러시아 공산당에 가입. 전쟁과 제국주의에 반대하는 〈누가 전쟁을 원하는가〉라는 팜플렛 작성.

1916년   미국을 방문, 미국 노동자들을 대상으로 4개월 간 4개 국어로 전쟁을 반대하는 강연.

1917년   3월 러시아 혁명 발발. 이후 제정 러시아가 무너졌고 케렌스키의 임시 사회주의 정부 집권.
이때 콜론타이는 17년 연하의 남자친구 파벨 디벤코와 동거.

1918년   1월 레닌은 독일과 브레스트리토프스크 강화조약을 맺고 단독 휴전을 선언.

1920년   9월 러시아 최초의 여성부(제노텔) 장관이 됨.

1921년   노동자의 반대파 지도자가 되어 당내 언론 자유와 노동조합의 자율성을 요구.

1922년   10월 여성 최초로 노르웨이 외교관으로 임명. 연인 디벤코와 헤어짐.

1926년   멕시코 공사로 파견.

1930년   소련의 초대 주 스웨덴 대사를 역임.

1938년   스탈린의 대숙청이 이어지는 가운데 디벤코는 미국의 스파이 혐의로 재판을 받고 총살형을 당함.

1944년   소련 – 핀란드 전쟁의 휴전협상 중재.

1946년   핀란드와 분쟁을 평화적으로 해결하여 노벨평화상 후보로 지명.

1952년   3월 모스크바에서 병환으로 80세의 나이로 사망.

외교와 관련된 직업들에 대하여

 외교란 자국의 이익을 위하여 타국과 협상을 맺는 등 국가 간의 관계를 가지는 일을 뜻합니다. 이런 외교 활동은 기원전 1800년 고대 바빌로니아 왕국이 성립했을 때부터 시작되어 지금까지 계속되고 있습니다.
 외교의 목적은 자국에 이익을 가져오는 것이지만 협상하는 나라의 처지를 배려하는 것도 잊어서는 안 됩니다. 자칫 자국의 이익만 고집하다보면 오히려 상대 국가의 반발을 일으킬 수 있지요.
 외교 임무를 수행하는 외교관은 지구 곳곳을 자유롭게 누비는 부러운 직업임에 틀림없습니다. 또한 한 나라를 대표해 일을 하는 자랑스럽고 긍지 있는 직업입니다. 하지만 뿌듯한 만큼 책임감도 높습니다. 외교관이 신뢰를 잃는 행동을 하면 국가 차원에서 영향을 미치기 때문이지요.
 그럼 외교관이 하는 일이 무엇인지 알아보고, 외교와 관련된 직업에는 무엇이 있는지 찾아보겠습니다.

1. 외교관

　외교관은 본국을 대표하여 외국에 머물러 있으면서 외교를 맡아 하는 관리나 관직을 말합니다. 보통 외국과 협상을 통해 정치, 경제와 관련된 이익을 추구합니다. 또한 해외동포와 해외여행을 하는 자국민을 보호합니다.

　외교관은 부임한 나라의 정치적 사건과 상황을 본국에 알리는 일을 합니다. 또한 자국의 문화와 전통을 알리는 문화홍보활동도 합니다. 자국과 상대국과의 우호관계를 유지하고 양국 간의 관계를 밀접하게 발전시키는 일도 합니다. 때로는 양국간 문제가 발생하면 상대국에 대해 문제를 제기하거나 항의합니다. 외교관은 자국민에게 각종 증명서를 발급해주고 그 외 여권 발급이나 각종 업무를 처리합니다.

　외교관이 근무하는 곳은 총 3곳으로 외교통상부(본사)와 대사관 그리고 총영사관입니다.

이 직업에 꼭 맞는 사람은?

　우선 뛰어난 외국어 실력을 가지고 있어야 합니다. 또한 국가를 대표하는 직업인만큼 확고한 국가관과 책임의식이 있어야 합니다. 외교 협상과 교섭을 잘 하려면 평상시 원만한 인간관계를 유지할 수 있는 능력이 필요합니다. 진취적이면서도 분석적인 사고에 능하고 리더십이 강한 성격의 사람들이 외교관 직업에 알맞습니다.

이 직업을 갖기 위해 해야 할 일!

　4년제 대학교에서 외교 관련 전공을 하는 것이 유리하며, 보통 외무고시에 합격하거나 특별채용으로 선발됩니다. 현재는 고시가 없어지고 국립외교원의 외교아카데미 시험 과정을 통해 외교관을 선발하고 있습니다.

2. 외무 영사직

외무고시를 통하지 않고 외교통상부에 들어갈 수 있는 방법이 있습니다. 바로 공무원 시험을 통해 외무 영사직이 되는 것입니다. 외무 영사직 시험에 합격하면 외교통상부에서 근무하거나 해외 공관에서 교대 근무하게 됩니다.

외무 영사직 공무원은 국내 본부 및 해외 공관을 교대 순환하면서 외교부의 예산 및 서무 업무를 하는 공무원으로 해외 근무시에는 해외 공관 총무 업무를 주로 하게 됩니다.

이 직업에 꼭 맞는 사람은?

외무 영사직 역시 외교관 업무를 담당하기 때문에 일반적인 외교관의 자질을 갖추고 있어야 합니다. 외국어 능력과 원만한 대인관계, 사교성 등은 필수입니다. 또한 공식적으로 한나라를 대표하며 그와 관련된 업무를 담당하는 엘리트 공무원으로서의 소명의식과 책임감을 가지고 있어야 합니다.

이 직업을 갖기 위해 해야 할 일!

외무 영사직이 되려면 7급 외무 영사직 공무원 시험에 합격해야 합니다. 외교관 등급은 3등급에서 14등급이 있습니다. 여기서 3등급이 7급 공무원인 외무 영사직 공무원이며 이후 진급해서 위로 올라갈 수 있습니다.

3. 통역사

통역사는 서로 다른 언어를 사용하는 사람들이 의사소통할 수 있도록 도와주는 사람입니다. 통역사들은 다양한 문화권에 속한 사람들의 의사소통을 도와주고 서로의 문화를 알리는 역할을 합니다. 일종의 민간 외교관이라고도 할 수 있습니다.

국제회의, 협상, 세미나, 기자 회견 등에서 외국인과 정확하게 의사소통을 하기 위해서는 통역사의 역할이 매우 중요합니다. 보통 국제회의나 세미나 등에서 따로 마련된 통역 부스 안에서 외국인의 대화나 발표를 듣고 우리말로 전달합니다. 또한 자국인의 대화나 발표를 듣고 외국어로 전달합니다.

통역사에는 국제회의 통역사 외에도 수행통역사, 통역가이드, 법정통역사 등이 있습니다. 수행통역사는 주로 외국의 유명 인사들이 입국하면 이들과 함께 다니면서 통역해 주는 일을 담당합니다. 통역가이드는 외국관광객에게 관광지를 안내하며 통역을 해주는 사람입니다. 법정통역사는 법정에서 외국인 피고인이나 증인들의 외국어를 통역하는 일을 합니다.

이 직업에 꼭 맞는 사람은?

호기심이 왕성하고 외국어 공부를 꾸준히 해야 합니다. 관련 외국어 방송이나 책자 등을 매일 보며 공부하고, 국제회의통역사가 되려면 평소 뉴스를 자주 보면서 시대적 흐름과 국제적 이슈에 대해 늘 관심을 가져야 합니다.

이 직업을 갖기 위해 해야 할 일!

외국어고등학교를 비롯해 전문대학 및 대학교의 어문계열학과, 통역번역대학원의 통역학과 등에 진학하면 유리합니다.

통역번역대학원을 졸업한 후 통역알선전문에이전시의 소개로 일을 하거나 대기업, 공공기관의 전담 통역담당자 공채 시험에 응시하는 방법도 있습니다.

4. 학예연구가

학예연구가는 박물관 및 미술관에서 소장품에 대한 관리, 전시기획, 학술연구 등의 업무를 수행합니다. 학예연구가는 외국 문화재의 국내 전시 및 국내 문화재의 해외 전시를 기획하며 이를 통해서 자국 문화의 우수성을 홍보하는 민간 문화홍보 외교관의 역할을 맡기도 합니다. 이때 학예연구가는 소장품의 진품 여부나 가치 등을 감정하기도 합니다. 또한 전시를 위해 작가 및 작품을 섭외합니다.

학예연구가는 전시장의 소장품을 진열하고 관리하며 소장품에 대해 연구하고 보고서 및 출판물을 발간합니다다. 관람객 또는 일반인을 대상으로 교육프로그램을 기획·관리하기도 합니다.

이 직업에 꼭 맞는 사람은?

우선 미술과 우리 문화재에 대한 애정을 갖고 있어야 합니다. 미적인 감각이 뛰어나고 아이디어와 창조력을 갖추고 있어야 합니다. 대외적으로 많은 사람을 만나야 하기 때문에 대인관계가 원만해야 합니다.

이 직업을 갖기 위해 해야 할 일!

대학 또는 대학원에서 고고학, 사학, 미술사학, 예술학, 민속학, 인류학, 박물관학, 큐레이터학과 등을 전공하는 것이 유리합니다. 한국박물관협회에서 주최하는 학예사 기본 소양교육 및 전문 교육 프로그램을 통해 정보를 얻을 수 있습니다.

우리나라를 빛낸 외교관들

서희(徐熙, 942~998)

고려 초기의 정치가로 본관은 이천, 자는 염윤입니다. 이천 지방의 토착 호족이었던 아버지의 뒤를 이어 중앙의 지배세력으로 등장했습니다. 서희는 10여 년 동안 외교적으로 단절되어 있던 송나라에 사신으로 파견되어 검교병부상서의 벼슬을 받는 등 큰 성과를 거두었습니다.

993년(성종 12년) 고려의 북진정책과 친송외교에 불안을 느낀 거란은 소손녕이 이끄는 대군으로 고려를 침략했습니다. 조정은 이미 여진을 통해 거란의 침공계획을 알고 있었으나 아무런 대책을 세우지 않고 있다가 뒤늦게 서희를 시켜 거란군을 막게 합니다. 80만 대군으로 봉산군을 빼앗은 거란군은 진격을 멈춘 채 고려군에게 항복을 강요했습니다. 그러자 조정에서는 거란군이 빼앗은 영토를 떼어주고 항복을 하자는 의견이 많아집니다. 그러나 서희는 항복하자는 의견에 반대하면서 자신이 홀로 거란과 담판을 지을 것을 자청했습니다.

거란 진영에 혼자 도착한 서희는 소손녕이 신하의 예를 차리라면서 절을 요구해 오자 이를 거절합니다. 서희는 서로 대등한 예를 갖추자면서 마주보고 앉아 협상에 들어갑니다.

소손녕은 거란군이 고려에 침입한 이유를 두 가지 들었습니다. 첫 번째는 신라 땅을 차지한 고려가 거란이 차지한 고구려 땅까지 넘보기 때문이고, 두 번째는 가까운 거란을 멀리하고 바다 건너 송나라를 섬기는 잘못을 바로 잡기 위한 것이었습니다.

  이에 서희는 고려는 고구려를 계승하여 국호를 고려라고 하였고 평양을 도읍으로 정했다고 주장합니다. 원래대로 따지자면 옛 고구려의 영토는 모두 고려의 땅이었다고 얘기합니다. 서희는 고려의 북진정책이 거란을 치기 위한 것이 아니라 여진족을 몰아내기 위한 것이라고 했습니다. 당시 여진족은 거란과 고려 사이에 위치해서 자주 두 나라의 경계를 넘나들며 노략질을 벌였습니다. 서희는 소손녕에게 고려와 거란이 함께 힘을 합쳐 여진족을 평정하자고 제안합니다.

  거란은 서희의 제안을 받아들여 군사들을 뒤로 물리고 자신들의 땅으로 되돌아갑니다. 이후 거란은 고려가 압록강 동쪽 280리의 땅을 개척하는 데도 공식적으로 동의합니다. 그 결과 서희는 이듬해부터 3년간 군사를 이끌고 압록강 동쪽의 여진족을 몰아낸 뒤 강동6주에 성을 쌓아 고구려의 옛 영토를 다시 되찾아 오게 됩니다. 서희의 담판은 고려를 구하고, 수많은 병사들의 목숨을 살린 동시에 위기를 기회로 살린 놀라운 외교적 성과였습니다.

이예(李藝, 1373~1445)

  1373년 울산에서 태어난 이예는 본래 중인 계급인 아전이었습니다. 1396년에 울산 인근을 노략질하던 왜구가 군수 이은을 납치했고, 울산의 아전이었던 이예는 자신이 모시던 군수를 구하기 위해 자진해서 왜선에 몰래 숨어들어갑니다. 하지만 배 위에서 정체가 탄로나자 이예는 왜구들에게 자신이 군수를 모실 수 있게 그 곁으로 보내달라고 요구합니다. 사연을 들은 왜적들은 이예의 의리에 감동해 그를 군수와 함께 지내도록 허락합니다. 군수와 이예 일행은 대마도 화전포에 잡혀 있던 도중 조정에서 보낸 통신사의 도움으로 그 다음 해 풀려나게 됩니다. 조정에서는 주인을 따라 사지까지 따라 간 이예의 충성을 가상히 여겨 작은 벼슬을 내렸습니다.

하급 관리가 된 이예는 상관인 윤명을 따라 대마도 부근에 있는 일기도라는 섬으로 파견을 나갑니다. 이때 대마도 도주는 윤명과의 개인적인 다툼으로 대마도에 그를 억류한 채 잡아 놓았고, 꼼짝할 수 없이 대마도에 갇힌 윤명은 자신의 부하이자 수행관인 이예를 시켜 일기도에서 대신 외교 업무를 수행하도록 시켰습니다. 일기도에 간 이예는 왜구가 조선을 침략하지 않겠다는 다짐을 받고 더불어 조선 포로들의 조급한 송환을 약속을 받았습니다.

정식 외교관이 아니었고 단지 수행원이었던 이예가 뜻밖의 외교적 성과를 얻어내자 조정은 그의 능력을 인정하게 되었고, 다음 해부터 태종의 명을 받아 이예는 공식적인 외교관으로 일하게 되었습니다. 이때부터 1443년(세종25)까지 이예는 43년간 대일 전문 외교관으로 활약했습니다.

73세로 생을 마감하기까지 이예는 통신사가 되어 40여 회에 걸쳐 일본으로 건너갔습니다. 통신사로 일하면서 이예가 일본으로부터 송환해 온 조선인 포로는 모두 667명으로 기록되어 있습니다. 또한 이예는 계해조약(일본에 삼포 개항을 허락한 조약) 체결에 주도적인 역할을 담당했습니다. 조선 전기의 미천한 아전 신분이었던 이예는 탁월한 외교 능력으로 인해 벼슬이 종2품에 이르렀고, 학성이씨의 시조가 되었습니다.

반기문(潘基文, 1944~)

충북 음성에서 태어난 반기문은 고등학교를 졸업하기 전 미국 방문 프로그램에 선발되었습니다. 그렇게 미국을 방문한 반기문은 케네디 대통령을 만나게 됩니다. 이때 케네디 대통령은 반기문에게 장래 희망이 무엇이냐고 물었고 반기문은 외교관이라고 대답했습니다. 이 만남을 계기로 반기문은 장차 외교관이 될 꿈을 구체적으로 갖게 됩니다.

서울대학교 외교학과를 졸업한 반기문은 외무고시에 합격했고, 외무부(지금의 외교통상부)에 들어가면서 외교관 생활이 시작되었습니다. 처음 반기문은 주미대사관에 발령받을 예정이었습니다. 그러나 당시 가난했던 그는 생활비가 비싼 미국보다는 물가가 싼 인도 뉴델리 총영사관 근무를 지원합니다. 가난했던 집에 한 푼이라도 보탬이 되고자 한 결정이었습니다.

주인도대사관 1등서기관을 지낸 반기문은 탁월한 능력을 인정받아 주미국대사관으로 자리를 옮겼습니다. 이후 외무부 외교정책실장을 지냈으며, 1998년에는 주오스트리아대사관 대사직을 맡았습니다. 2003년에 대통령 비서실 외교보좌관을 지낸 후 이듬해 제33대 외교통상부 장관에 올랐습니다. 그리고 마침내 2006년 10월, 192개 유엔 회원국으로부터 만장일치로 제8대 유엔 사무총장으로 공식 선출되었습니다.

유엔 사무총창이란 세계를 지휘하는 지구촌 대통령이라 할 수 있습니다. 유엔 사무총장은 외국을 방문할 때 국가 원수나 총리급 대우를 받으며, 4만 여 명에 이르는 유엔 직원들의 인사권과 막대한 예산을 집행할 수 있는 권한을 가집니다.

반기문이 유엔사무총장이 된 것은 한국 외교사를 빛낸 커다란 사건입니다. 한때 유엔의 지원을 받던 가난한 나라 한국이 이제는 국제 사회에서 새롭게 인정받는 쾌거를 이룩한 것입니다. 반기문은 이후 사무총장직 연임에 성공하며 지구촌 대통령으로서 세계 안보의 평화적 해결과 취약한 국가의 인권 향상을 위한 노력을 이어가고 있습니다.

김영희(1945~)

1949년 전주에서 9남매 중 8번째 막내딸로 태어난 김영희는 전주여고 졸업 후 대학 시험에 떨어졌고 다시 공무원 시험에 도전해서 서울시 9급 공무원이 되었습니다.

1972년에 독일 파견 간호보조원으로 독일 생활을 시작했고, 3년간 정형외과 병동에서 덩치 큰 독일 남성 환자들을 돌보면서 독일어를 공부했습니다. 야간대학을 거쳐 쾰른대학교에 입학한 김영희는 교육학과 철학을 공부하고 석사와 박사 학위를 받았습니다. 김영희는 졸업 이후 강단에 서서 강의를 하면서 쾰른대학 6백년 역사상 처음으로 전공 과목을 강의한 첫 외국인 여성으로 기록을 남깁니다.

김영희는 독일 통일 직후인 1991년에 독일전문가로 외무부에 특별채용되었습니다. 이를 계기로 주독일 한국대사관에서 1등서기관부터 공사까지 역임하게 됩니다. 2005년에는 세르비아 대사로 임명되면서 발칸 지역의 전문가로 활약하였고, 세르비아 대사 재직 시 유일한 동양 여성 대사로 적극적인 외교활동을 벌여 많은 관심을 받았습니다.

김영희는 코소보 사태로 테러와 전쟁에 휘말린 세르비아에 한류 열풍을 불러올 만큼 탁월하고 현명한 외교 능력을 보여줬습니다. 성공의 비결에는 그녀의 언어 능력이 있었습니다. 김영희는 5개 국어(영어, 독어, 라틴어, 희랍어, 세르비아어)를 자유롭게 구사할 수 있습니다.

김영희는 공사 재직 시 '독일의 상징 베를린'이란 제목으로 논문을 발표했고, 대사직에서 물러난 후에는 여전히 대학에서 강의를 하며 독일 통일과 관련된 왕성한 학술활동을 이어가고 있습니다.